ESSAI
SUR LA RÉFORME
DU CODE FORESTIER;

PAR J.-A. MASSON,

AGENT FORESTIER, ASSOCIÉ CORRESPONDANT DE LA SOCIÉTÉ ROYALE DES SCIENCES ET BELLES-LETTRES DE NANCY.

A AUXERRE,

DE L'IMPRIMERIE DE J.-P. LE COQ, RUE ROYALE.

1824.

A Son Excellence

le Comte *DE VILLÈLE*, Ministre Secrétaire d'Etat des Finances, Président du Conseil des Ministres, Commandeur des Ordres du Roi.

Monseigneur,

Après le désir de faire un Ouvrage utile, l'ambition la plus légitime est d'obtenir le suffrage d'un Ministre qui doit marquer dans son siécle. J'ai été encouragé à faire hommage de cet Essai à Votre Excellence, *par l'importance de la matière qui y est traitée.*

L'Histoire atteste que les Sully, les Colbert ont mis la conservation des forêts au rang des premiers intérêts de l'Etat; on sait qu'un de ces grands hommes y attachait même les destinées de la France. C'est sous le ministère et la direction de Colbert que l'Ordonnance de 1669 *fut créée pour réprimer des abus contre lesquels les anciennes lois étaient impuissantes. A son tour, ce Code est devenu insuffisant pour protéger les forêts.*

Le Ministre de Louis xviii *va partager avec celui de* Louis xiv *la gloire d'en être le restaurateur. Il veut que la garantie de leur conservation repose sur une législation plus complette; il rassemble, pour en former le plan, tout ce que près de deux siècles ont pu ajouter à nos lumières sur cette partie intéressante de l'administration publique.*

J'ai cru me conformer aux sages intentions de Votre Excellence, *en offrant le tribut de près de trente années (1) d'observations dans l'exercice des fonctions forestières. Si j'ai osé le publier sous ses auspices, tout imparfait qu'il est, c'est parce que j'ai pensé que dans une matière qui est surtout du ressort de l'expérience, on pouvait pardonner au défaut de talent en faveur de quelques vues utiles.*

Je suis avec le plus profond respect,

Monseigneur,

De Votre Excellence,

Le très-humble et très-obéissant serviteur,

Masson.

---

(1) *L'Auteur de cet Ouvrage a été nommé, en novembre 1794, Maître particulier en la Maîtrise de Nancy.*

AVANT-PROPOS.

Dès qu'on eut séparé la juridiction de l'administration des forêts, la révision de l'ordonnance de 1669 devint indispensable. J'avais formé, long-temps avant de l'exécuter, le projet d'un travail sur cette matière importante; mais mon respect pour un des plus beaux monumens du siècle de Louis XIV, et l'opinion dans laquelle je suis que le caractère le plus imposant d'une loi est son ancienneté, me faisaient un devoir d'y apporter toute la circonspection et la maturité d'une longue expérience. Encore aujourd'hui je suis peu rassuré sur le succès d'une telle entreprise par douze années d'études au barreau et dans la magistrature, et par vingt-cinq ans d'observations dans l'exercice des fonctions forestières (1); mais si je suis resté loin du but que je me proposais, j'ose croire au moins que j'ai préparé des matériaux utiles à ceux qui sont plus en état que moi de l'atteindre.

On sait que l'assemblée constituante décréta une organisation de l'administration des forêts; mais comme elle l'avait établie sur le principe destructeur de la plus grande partie de ses ouvrages, qu'il fallait s'éloigner entièrement des routes frayées (2), la loi du 29 septembre 1791 resta en projet quant à l'organisation du personnel. L'exécution en fut suspendue par la première législature, qui, plus occupée à désorganiser qu'à reconstruire, ne laissait rien subsister que de provisoire, et ne décrétait que d'urgence.

Dans l'intervalle qui sépara cette époque du gouvernement consulaire, nous avions usé trois constitutions, sans pouvoir produire un code forestier, et l'ordonnance de 1669 subsista, à la juridiction près, sur les ruines de toutes nos anciennes institutions.

La loi du 16 nivose an 9 ne posa que quelques bases du régime forestier; la réforme du Code pénal fut encore ajournée. Peut-être le Gouvernement de ce

(1) L'auteur de cet ouvrage a rempli ces fonctions dans plusieurs départemens éloignés les uns des autres; ainsi, il a pu observer l'influence des différens climats sur la végétation. Il a administré quinze ans des forêts de bois résineux, dont l'ordonnance ne fait pas mention.

(2) Les maîtrises étaient composées de quatre officiers; elle les réduisit à un seul, l'inspecteur, qui n'avait sous lui que de simples gardes. En revanche, elle créa trente-cinq conservateurs en France, où l'ordonnance de 1669 n'avait établi que seize grands-maîtres, avec des attributions bien plus nombreuses.

temps-là, qui envisageait les forêts surtout, sous les rapports financiers, ne voulait-il pas mettre d'entraves à son système, en complettant cette partie de la législation. Heureusement les administrateurs qu'il choisit avaient des vues plus sages; aussi eurent-ils à lutter constamment et contre l'inconvenance des choix que leur imposait le despotisme, et contre une législation désorganisée dont une partie des dispositions coërcitives étaient tombées en désuétude. Et cependant on doit s'étonner de tout le bien qu'a fait cette administration avec si peu de pouvoir.

Tant d'obstacles ont dû s'opposer aux progrès des connaissances forestières : en voyant arriver de plein saut aux emplois supérieurs, on s'était accoutumé à croire que ces fonctions n'en exigeaient aucune.

La restauration allait faire justice d'un préjugé aussi funeste, lorsqu'il fut remplacé par un autre système, dont les suites étaient d'autant plus à craindre, qu'il était propagé par l'autorité même à laquelle était soumise l'administration des forêts. Dans l'intervalle de 1817 à 1821, toutes les vues d'améliorations furent subordonnées au grand projet de les aliéner, et ce n'était pas comme un sacrifice que les partisans de cette mesure la présentaient. Il était réservé à une époque où la satiété des idées neuves était à son comble, d'en produire une qui était échappée aux plus ardens novateurs, c'est que la destruction même des forêts serait plus utile à la France que leur conservation, par les produits immenses qui allaient résulter pour le trésor des mutations et du morcellement du sol forestier. C'en était fait de ce précieux domaine, échappé comme par miracle à la révolution, si la restauration des finances avait été établie sur une pareille base.

On ne doit pas perdre de vue que l'agriculture luttant depuis des siècles, contre la masse des forêts, est parvenue à en resserrer la plus grande partie dans les positions où elle peut le moins se développer, c'est-à-dire, sur les montagnes et dans des terrains où toute autre production ne remplacerait le bois qu'avec perte. Ces terrains une fois défrichés et mis en culture, seraient épuisés après quelques années de récolte; ces montagnes dépouillées du bois qui les fécondait en les abritant, ne seraient plus que des rochers nus. A la place de ces futaies antiques qui bravaient les siècles, de ces taillis rians qui marquaient les générations, on aurait créé des déserts. Et quels impôts aurait-on pu demander aux possesseurs de ces landes, de ces rochers, de ces sables arides? Quels droits de mutations en attendrait-on? La ruine des forêts peut être consommée en quelques années; mais leur reproduction ne peut être que l'ouvrage des siècles, c'est dire assez qu'une telle perte est irréparable.

Mais des ministres qui, à l'exemple du grand Colbert, envisagent les forêts plus en hommes d'état qu'en financiers, sauront bien conserver à la France la plus belle de ses propriétés. Ils savent que cette nation généreuse est inépuisable dans ses ressources, quand son dévouement est soutenu par la confiance qu'elle a dans le Gouvernement. Nous devons donc croire qu'une mesure commandée par la crise momentanée des finances, ne se prolongera pas au-delà, et qu'elle s'arrêtera à l'exécution de la loi du 25 mars 1817.

La France a vu dans le rétablissement d'une administration spéciale, l'avant-coureur d'une réorganisation complète du régime forestier. Cette institution qui fut pendant des siècles une magistrature, si elle ne peut plus prétendre à cet honorable attribut, sera au moins replacée au rang qui lui est dû dans l'ordre administratif. Nous devons espérer qu'à l'exemple de l'Allemagne nous aurons des écoles forestières; nos fonctions ne seront plus les seules pour lesquelles on n'exige aucun noviciat : mais le but des études doit être moins de faire des savans que de bons praticiens, car les connaissances sur la physique végétale ne sont utiles qu'à l'application, elles le seront surtout pour substituer les véritables lumières aux préjugés de la routine qui se transmettent si facilement par la tradition. Quoique la nature soit uniforme et invariable dans sa marche, tant d'accidens et de causes locales semblent faire des exceptions à ses lois, que l'expérience qui apprend à les distinguer, s'acquiert bien plus par l'observation que par l'étude, et la vie de l'homme n'est pas trop longue pour un cours de cette nature. La meilleure école forestière est dans les bois (1).

Un principe de justice et d'utilité veut que les simples gardes partagent avec les élèves la perspective des grades supérieurs. Dans l'état actuel de notre régime forestier, il n'existe pour eux aucun motif d'émulation, ce qui entretient parmi cette classe d'employés, l'ignorance, et conduit à l'abrutissement; qu'on les encourage par l'espoir de l'avancement, et vous aurez pour gardes des hommes que

---

(1) On propose qu'après un cours de deux années, les élèves soient mis à la disposition des conservateurs, comme le voulait la loi du 29 septembre 1791, et employés par le sous-inspecteur qui est sous leurs ordres immédiats. Ces élèves obtiendraient ensuite un titre d'activité, dès qu'ils auraient fait preuve de leurs dispositions à employer utilement les connaissances élémentaires qu'ils auraient reçues; car si de l'école de Paris on les faisait arriver de plein saut à une place active, on ne donnerait à la jeunesse qu'une fausse idée des fonctions forestières.

On a proposé dans ce travail un nouvel établissement, c'est celui des *gardes terrassiers*, dont on a fait l'essai avec succès dans une des conservations de l'est, quoiqu'on n'en ait pas encore tiré tout le parti que je crois possible. Nos vues sur les fonctions à attribuer à ces nouveaux employés, sont développées dans le titre IV.

leur éducation préservera des habitudes que l'on reproche à un grand nombre. Cette amélioration intéresse autant la morale que la conservation des forêts.

La réorganisation du régime forestier doit encore être un bienfait de la restauration. On ne peut attendre d'un gouvernement régénérateur qu'un système qui subordonne entièrement l'intérêt des produits à celui de la conservation. Nous avons fait de ce principe la base essentielle de notre travail.

Il est reconnu que l'ordonnance de 1669 contient un grand nombre de dispositions qui ne sont pas compatibles avec l'état actuel de notre législation.

Celles qui prononcent *des amendes arbitraires, des peines corporelles, des punitions exemplaires,* sans les déterminer, l'emprisonnement, sans en fixer la durée;

Celles qui condamnent au bannissement des forêts à perpétuité, au fouet, au carcan, même à la flétrissure et aux galères;

Les articles qui contiennent des prohibitions, ou qui prescrivent des obligations, sans imposer de peines aux contrevenans;

Ceux qui prononcent des amendes trop modiques en proportion de la valeur actuelle des bois; d'autres, au contraire, que leur extrême sévérité a fait tomber en désuétude; enfin, le silence de cette loi sur un grand nombre de délits et de contraventions : telles sont les imperfections qui ont fixé l'attention du Gouvernement. Elles étaient bien moins sensibles, lorsque les officiers de maîtrise réunissaient le contentieux à l'administration, parce qu'ils arbitraient en connaissance de cause, dans les cas nombreux où l'ordonnance en laisse la faculté au juge, et qu'ils usaient d'un pouvoir discrétionnaire, soit en suppléant à son silence, soit en attachant des peines aux simples défenses.

Les tribunaux actuels, au contraire, ne peuvent ni arbitrer, ni imposer des peines qui n'existent pas dans la loi; dans le droit, ils sont obligés d'appuyer leurs jugemens sur un texte formel; dans le fait, ils n'ont pas toujours les notions nécessaires pour apprécier tous les délits forestiers. C'est ce qui fait que beaucoup de bons esprits persistent à croire que dans cette partie la juridiction est inséparable de l'administration, et que ces deux pouvoirs ne peuvent se passer l'un de l'autre. En les divisant, on a détruit, selon eux, les rapports intimes qu'il y a entre ces deux moyens de conservation; ce qui porte une égale atteinte à leur responsabilité respective.

Nous ne prononcerons pas sur une question de cette importance; mais en nous conformant, dans ce travail, au système actuel de la division des deux pouvoirs, nous devons observer qu'il impose au législateur une obligation bien plus rigoureuse, de tout prévoir, de multiplier les distinctions, et surtout de proportionner toujours la peine au délit; proportion bien difficile à établir, lorsqu'il s'agit d'un objet dont la valeur est sujette à tant de variations. Il résulte de cet ordre de choses une autre conséquence, c'est la nécessité d'assurer l'influence légale de l'agent forestier, chargé de la poursuite des délits, sur les jugemens des tribunaux. Il ne l'obtiendrait pas, s'il n'avait près d'eux qu'une mission vague et subalterne; il doit y paraître en défenseur de l'intérêt public, bien plus qu'en agent du fisc. C'est en le considérant comme un plaideur qui défend sa cause, que quelques tribunaux inclinent toujours à se porter pour modérateurs entre lui et les prévenus.

La loi règlera-t-elle elle-même le tarif des peines pour les délits de tous genres, comme l'a fait l'ordonnance de 1669?

Ou adoptera-t-elle le principe admis par la loi du 6 octobre 1791, qui veut que, pour les bois des communes et ceux des particuliers, l'amende soit réglée d'après une estimation préalable du dommage?

Ou, enfin, établira-t-elle, comme le Code pénal de 1810, un *minimum* et un *maximum*, pour laisser au juge une latitude dont il userait suivant les temps et les lieux?

Il faut convenir que l'évaluation exacte du dommage qui précéderait le jugement, serait le mode le plus sûr pour atteindre la valeur du bois à toutes les époques et dans toutes les localités. On sait, en effet, quelle augmentation elle a éprouvée depuis 1669; combien ce combustible varie de prix d'une province à l'autre, suivant qu'il y est plus ou moins abondant, et que même dans une forêt deux arbres de pareille dimension peuvent être d'une valeur très-différente.

Comment donc la loi pourra-t-elle être uniforme et durable, si elle règle elle-même le taux de l'amende pour chaque délit? voilà la difficulté qui, sans doute, décida l'assemblée constituante à ordonner, par la loi du 6 octobre 1791, que l'estimation du dommage serait faite par le juge de paix, par des assesseurs, ou par des experts, et qu'elle servirait de base à l'amende; mais a-t-elle atteint le but qu'elle se proposait? une expérience de trente ans nous met en état d'en juger.

L'estimation préalable du dommage complique la procédure dans une matière où la lenteur des jugemens équivaut à l'impunité; elle multiplie les frais, si elle est faite régulièrement, c'est-à-dire, après une reconnaissance du délit; elle est illusoire, si elle a lieu sans cette formalité, et sur le simple exposé du procès verbal qui le constate, comme cela se pratique généralement. Enfin, ces estimations ne sont-elles pas suspectes d'un excès d'indulgence, si elles sont faites par experts qui peuvent se trouver dans le cas d'en avoir besoin pour eux-mêmes? aussi les tribunaux ont-ils fini par n'y donner aucune confiance, ou même par s'affranchir entièrement de cette formalité, les uns pour se rapprocher des dispositions de l'ordonnance de 1669, les autres pour avoir plus de latitude dans leurs jugemens.

Dès qu'il est prouvé que l'estimation préalable du dommage n'est un mode ni assez prompt, ni assez sûr pour servir de base aux décisions des tribunaux, leur laissera-t-on la faculté de choisir entre un *minimum* et un *maximum* de la peine? Il est des cas où nous avons admis cette règle, ceux surtout où le degré de culpabilité est plus dans la moralité que dans le matériel du délit; parce qu'alors les tribunaux en sont de justes appréciateurs : il n'en est pas toujours de même pour l'évaluation du dommage réel. Sur des objets en général aussi étranges à leurs connaissances, n'est-ce pas s'exposer à voir souvent leur sévérité ou leur indulgence porter également à faux? l'expérience a prouvé que l'initiative exercée par l'agent forestier dans ses conclusions, n'est pas toujours une garantie suffisante contre les méprises des tribunaux.

Il n'y aurait donc pas moins d'inconvéniens à donner trop d'extension au principe qui établit un *minimum* et un *maximum* de la peine, qu'il n'y en aurait à subordonner les jugemens des tribunaux à une estimation d'experts.

Ces observations nous ramènent au principe simple qui fait la base des dispositions pénales de l'ordonnance de 1669. Après avoir réglé le taux de chaque délit, elle prend l'amende pour régulateur de l'indemnité; le juge alors a un guide assuré, et n'a plus besoin en quelque sorte que d'être l'écho de la loi. Quand le temps aura amené une trop grande disproportion entre les peines et les délits, il y aura moins de danger à en réformer le tarif, qu'il n'y en aurait à le soumettre à l'arbitraire des tribunaux.

En consacrant ce principe, l'ordonnance a cependant laissé un problême à résoudre sur la gradation de la peine. Je prends pour exemple l'art. 1er. du titre XXXII qui, statuant sur le bois coupé en délit, s'applique plus souvent que toutes les autres dispositions du même titre. Il fixe l'amende pour un chêne à 4 fr. par pied de tour; mais l'expérience nous apprend que les arbres jusqu'à leur maturité augmentent dans une proportion croissante et progressive; qu'ainsi celui qui, à la grosseur de 3 décimètres donnerait 3 décistères de bois, à 6 décimètres en donnera de 7 à 8 décistères. Ce n'est pas tout; un arbre qui à 40 ans aura 5 décimètres, en supposant qu'il n'ait à 80 ans que 10 décimètres, se trouvera alors dans la proportion d'un à quatre; ainsi sa consistance matérielle sera quatre fois plus forte à 10 qu'à 5 décimètres de tour; cependant les dispositions de l'ordonnance méconnaissant cette progression, ne prononcent dans ce cas qu'une amende double. La première et la principale base de ces dispositions est donc à réformer.

Nous avons tâché de suivre autant qu'il est possible, dans l'évaluation des délits, la gradation que la nature a mise dans les progrès de la végétation, en y proportionnant les peines pécuniaires; mais cette progression doit cesser, selon nous, lorsque l'arbre a acquis la grosseur de deux mètres, parce que communément alors il est arrivé à sa maturité, et qu'il commence à tomber sur le retour dès qu'il n'augmente plus que dans une proportion décroissante.

Une amélioration reconnue non moins nécessaire depuis long-temps, était de porter le prix du bois dans le tarif des peines pécuniaires, à un taux plus élevé qu'il ne l'avait été par l'ordonnance. On n'a pas besoin d'en prouver la nécessité, puisqu'en 1669 le législateur avouait que l'amende n'était déjà plus proportionnée à la valeur de ce combustible (1). On sait que depuis, les forêts ont beaucoup perdu en superficie et en valeur, tandis qu'au contraire la consommation a suivi les progrès du luxe et de l'industrie.

Par le même principe d'équité et dans l'intérêt même des forêts, on a réduit l'amende prononcée par l'ordonnance contre les délits de pâturage. L'article 10 du titre 32 la fixe à 20 francs par chaque bœuf ou cheval. Les tribunaux y ajoutent 20 francs de restitution en vertu de l'article 8. La sévérité excessive de cette disposition est ce qui en empêche le plus souvent l'application, car le témoignage d'un garde ne faisant pas preuve suffisante au-delà de cent francs, et le nombre de ces employés étant réduit aujourd'hui au strict nécessaire, il est rare qu'ils se trouvent plusieurs réunis. Ce sont donc les délits les plus graves qui restent le plus souvent impunis.

Comme le dégât fait par le bétail est considérable en raison de la jeunesse du taillis, on a fixé l'amende d'après une proportion inverse de celle qui est adoptée pour les bois coupés. La loi du 6 octobre 1791 avait établi le principe; on n'a fait qu'y donner plus d'extension.

Cette loi en créant des dispositions moins sévères pour les bois des communes et des particuliers, avait donné lieu à un préjugé funeste à leur conservation, c'est qu'ils étaient d'une classe inférieure aux yeux de l'administration. Notre travail pose au contraire sur ce principe que les bois de toute origine sont également précieux à conserver, et doivent être soumis au même régime. Ceux des particuliers ne peuvent que gagner à partager avec les forêts du domaine et celles des communes, la protection et les moyens de conservation que la loi leur assure. Cette uniformité tend à faire cesser les habitudes de préférence que les délinquans avaient dans les bois soumis à un régime qui les favorisait.

---

(1) Voyez l'article 8 du titre XXXII.

L'exercice du droit de propriété a de tout temps reçu pour les bois des particuliers, des restrictions commandées par l'intérêt général : c'est un principe consacré par le droit commun de l'Europe; l'ordonnance de 1669 ne pouvait le méconnaître. Le titre XXVI prescrit aux particuliers des règles à suivre sur l'âge auquel ils peuvent couper, sur le nombre des baliveaux à réserver, et sur leurs obligations relatives au service de la marine. L'assemblée constituante anéantit cette législation par son décret du 29 septembre 1791, qui déclare que les bois des particuliers cessent d'être soumis au régime forestier. Vint ensuite la loi du 9 floréal an 11 qui ne mit à leur droit illimité d'autres restrictions que la défense de défricher sans autorisation, et de disposer librement des arbres propres au service de la marine. Une ordonnance du Roi du 21 août 1816, revenant aux principes consacrés par celle de 1669, avait remis en vigueur les articles 1.er et 2 du titre XXVI sur la révolution à donner aux coupes de taillis et de futaie, et sur le nombre des réserves à y faire; mais ces dispositions ont été rapportées par celle du mois de septembre 1819, qui n'impose aux propriétaires de bois d'autres obligations que celles qui sont prescrites par la loi du 9 floréal.

J'ai dû me conformer dans ce travail à l'opinion reçue dans tous les temps, que les bois sont une classe de propriété à part, dont la jouissance peut être subordonnée à des règles qui doivent en assurer la conservation, en ne réprimant néanmoins que les abus qui la compromettraient essentiellement. On a pu à quelques époques déroger à ce principe, parce qu'il est facile de le combattre en théorie; mais l'intérêt public et même celui des familles ont toujours réclamé contre cette innovation.

En proposant de remettre en vigueur plusieurs dispositions du titre XXVI de l'ordonnance, on y a donné quelques développemens, on a signalé des abus qui auraient les mêmes conséquences que ceux qu'elle a voulu réprimer, et réglé la surveillance prescrite à cet égard à l'administration.

En général on s'est plus appliqué dans ce travail à prévoir tous les cas susceptibles d'une peine, qu'à les rendre rigoureuses. Les confiscations pouvant faire double emploi avec la restitution du dommage, doivent être restreintes à un petit nombre de cas.

Le titre XXXII de l'ordonnance intitulé *des peines* n'en contient cependant que vingt articles; les autres sont dispersées dans XXXI titres, et amalgamées avec les dispositions organiques de l'ancien régime forestier : ce qui en rend l'étude pénible pour les agens du nouveau, et les met surtout hors de la portée des gardes. La réunion des lois pénales en un seul corps, dégagé de tout ce qui y est étranger, leur donnerait bien plus de facilité de s'en pénétrer.

Quoique l'objet essentiel de ce travail soit la réforme du Code pénal, nous y avons ajouté les dispositions administratives qui nous ont paru utiles à proposer. Ce sont des principes, dont les peines imposées sont les conséquences.

Dans le nombre des dispositions pénales de l ordonnance, il était difficile qu'il n'y en eût pas quelques unes qui présentassent de l'obscurité et quelque difficulté dans l'application; on a tâché d'en fixer le sens, en consultant l'expérience et les décisions de la jurisprudence; mais on n'a pu prendre toujours celle-ci pour guide, parce qu'elle a souvent varié, et que d'ailleurs en matière de délits la jurisprudence est plutôt un supplément à la loi, qu'elle n'en est l'interprétation.

Déjà quelque temps avant la révolution on avait cessé d'appliquer les peines afflictives et infamantes prononcées par l'ordonnance, et cependant l'expérience a pu nous convaincre que les moyens qui nous restaient étaient insuffisans contre les délinquans d'habitude. Il est temps que l'on puisse atteindre ceux que les peines pécuniaires n'effraient pas, ou que leur misère y soustrait. La prison qui menace ceux-ci n'est plus guère qu'une mesure onéreuse au trésor public, un vain épouvantail. Ils semblent chercher à se ménager cet asile pour la saison rigoureuse. La répression des délinquans incorrigibles ne doit plus être du ressort de la police correctionnelle.

Cette partie de la législation forestière est celle qui présente le plus de difficulté. Il s'agit de créer des peines qui concilient, avec les changemens survenus dans l'opinion, la nécessité d'une plus forte répression. On ne peut se dissimuler que le carcan, le fouet, la flétrissure et les galères ne soient des peines inadmissibles aujourd'hui. L'esprit qui les a dictées était celui du temps; il serait injuste d'en faire un reproche au législateur; mais toute notre sollicitude pour le rétablissement de l'ordre n'a pas dû changer à nos yeux le caractère des délits qu'il s'agit de réprimer, ni nous faire perdre de vue ce respect pour l'humanité qui ne cesse de considérer l'homme dans le délinquant d'habitude et dans le vagabond.

J'ai hasardé une proposition, d'abord avec la défiance qu'inspire toute innovation, mais ensuite avec plus de confiance quand je l'ai vue approuvée par des jurisconsultes distingués et par des forestiers dont l'expérience m'a souvent servi de guide. En condamnant les délinquans d'habitude à des travaux ordonnés pour la restauration des forêts, on leur imposera une peine qui dérive de la nature même du délit (1). Réparer le dommage auquel ils ont le plus contribué, me semble l'acte le plus conforme à la justice. On ose croire qu'il sera sanctionné par l'opinion.

---

(1) C'est le triomphe de la liberté; lorsque les lois tirent chaque peine de la nature particulière du *délit*, tout arbitraire cesse : la peine ne dépend plus du caprice du législateur, mais de la nature de la chose. Ce n'est point l'homme qui fait violence à l'homme. (Montesquieu, *Esprit des lois*, Chapitre IV.)

ESSAI

SUR LA

RÉFORME DU CODE FORESTIER.

TITRE Ier.

DISPOSITION GÉNÉRALE.

Pour les délits commis dans les bois de l'État, dans ceux des communes, des établissemens publics, et dans ceux des particuliers, les prévenus seront jugés conformément aux dispositions de la présente loi.

L'art. 5 du titre XXVI de l'ordonnance porte : « Il sera libre à tous nos sujets de » faire punir les délinquans dans leurs » bois, des mêmes peines et réparations » ordonnées par les présentes. »

TITRE II.

Du bois coupé.

Art. 1er. Pour le chêne, l'orme, le frêne et le châtaignier, coupés en délit, l'amende sera de deux francs par chaque décimètre de circonférence, à partir de deux décimètres;

L'art. 1er. du titre XXXII prononce 4 fr. d'amende par pied de tour de chêne, châtaignier et fruitier.

Pour les charmes, hêtres, érables, tilleuls, planes, pins, sapins, mélèzes, poiriers, pommiers, sorbiers, merisiers et autres fruitiers, l'amende sera de 1 fr. 25 cent.;

Cinquante sous pour pied de saule, hêtre, orme, tilleul, sapin et frêne.

Elle sera de 1 franc pour les autres essences et pour le bois mort.

Il sera ajouté, pour les arbres de première classe, autant de fois 10 cent. par chaque décimètre, qu'il y en aura dans la circonférence du bois;

Six centimes par chaque décimètre, pour les bois de la deuxième classe;

Et trois centimes pour ceux de la troisième.

Cette progression aura lieu depuis 2 jusqu'à 20 décimètres de grosseur.

1re CLASSE.		2e CLASSE.		3e CLASSE.	
décim.	amende.	décim.	amende.	décim.	amende.
1	2 00	1	1 25	1	1 00
2	4 40	2	2 74	2	2 12
3	6 90	3	4 29	3	3 27
4	9 60	4	5 96	4	4 48
5	12 50	5	7 75	5	5 75
6	15 60	6	9 66	6	7 08
7	18 90	7	11 69	7	8 47
8	22 40	8	13 84	8	9 92
9	26 10	9	16 11	9	11 43
10	30 00	10	18 50	10	13 00
11	34 10	11	21 01	11	14 63
12	38 40	12	23 64	12	16 32
13	42 90	13	26 39	13	18 07
14	47 60	14	29 26	14	19 88
15	52 50	15	32 25	15	21 75
16	57 60	16	35 36	16	23 68
17	62 90	17	38 59	17	25 67
18	68 40	18	41 94	18	27 72
19	74 10	19	45 41	19	29 83
20	80 00	20	49 10	20	32 00

2. Pour le bois au-dessous de 2 décimètres, l'amende sera indistinctement de 1 fr. pour chaque brin de la première classe, de 65 c. pour ceux de la deuxième, et de 50 c. pour ceux de la troisième.

Trente sous pour pied d'arbre de toute autre espèce, vert en étant, sec ou abattu.

Nous plaçons l'orme et le frêne dans la première classe, en raison de leur utilité; les fruitiers dans la deuxième, et s'ils n'étaient pas nécessaires à la nourriture du gibier, leur peu de valeur, comme arbres forestiers, nous déciderait à les porter dans la troisième.

Cet article, le plus important de tous, avait besoin d'être médité sous tous ses rapports. Nous aurions pu peut-être adopter une base plus exactement d'accord avec les progrès de la croissance du bois; mais elle n'aurait pas été aussi juste dans l'application. Celle-ci est proportionnellement plus sévère contre les délits commis sur les jeunes arbres, parce qu'ils sont presque toujours sains, et que celui qui les coupe, détruit à la fois le présent et l'avenir. Au contraire, ceux qui sont parvenus à leur maturité, ou qui en approchent, sont rarement parfaits dans toutes leurs dimensions; il y en a de viciés, de défectueux, de morts en cime, etc.

Les résultats de la progression portent à 80 fr. pour deux mètres, l'amende pour arbres de première classe, qui n'était, d'après l'ordonnance, que de 24 fr. 64 c.;

A 49 fr. 10 c. l'amende pour la deuxième classe, qui était de 15 fr. 40 c.;

Et à 32 fr. pour la troisième, qui était de 9 fr. 24 c.; c'est le *maximum* auquel il nous a paru possible de porter le taux des amendes.

Disposition nouvelle.

3. L'amende pour un fagot ou fouée de bois, dont la grosseur et les essences ne seront pas spécifiées, sera de 3 fr.; pour la charge d'une bête de somme, de 10 fr.; pour celle d'une charrette ou d'un charriot, l'amende sera payée à raison de 15 fr. par stère de bois de chauffage.

Art. 3 de l'ordonnance : « pour chacune charretée de merrain, bois carré de sciage ou de charpenterie, l'amende sera de 80 f.; pour la charretée de bois de chauffage, 15 fr.; pour la charge de cheval ou bourrique, 4 fr.; et pour le fagot ou fouée, 20 sous. »

Nous n'avons pas compris dans notre article le bois façonné, parce que ce délit est un vol.

L'amende *pour charretée* nous a paru vague; celle par stère de bois ne laisse aucune incertitude.

4. Pour tout arbre ébranché, écorcé ou mutilé, l'amende sera de moitié des sommes portées en l'art. 1er.; elle sera de la totalité, si l'arbre devait en périr.

« Ceux qui auront éhoupé, ébranché et déshonoré des arbres, paieront la même amende au pied le tour que s'ils les avaient abattus. » (art. 2 de l'ordonn.)

Le mot *déshonoré* est trop vague pour les gardes qui ont à l'appliquer.

5. Pour un baliveau de l'âge du taillis, marqué en réserve dans les coupes, l'amende sera de 10 fr., pour un moderne de 30 fr., et pour un ancien de 80 fr.

Pour arbre d'assiette, pied cornier, parois et arbre de lisière, l'amende sera double, suivant la classe à laquelle ils appartiennent.

L'art. 4 de l'ordonnance prononce une amende de 50 fr. pour tout baliveau de 30 ans et au-dessus indistinctement, et de 10 fr. pour ceux qui sont au-dessous. Dès qu'on admettait une distinction, ne devait-on pas l'étendre à tous les cas où elle eût été juste?

6. Pour chaque souche arrachée, écuissée ou éclatée, l'amende sera de 5 francs.

Disposition nouvelle sur un délit très-commun.

7. Quiconque entaillera ou enlèvera l'écorce des arbres pour en tirer de la résine, sera condamné en 3 fr. d'amende par pied d'arbre.

Le délit auquel cet article est relatif n'est point l'extraction qu'on fait de la résine appelée térébenthine, en perçant les petites vessies qui la contiennent sur la surface de l'écorce du sapin *abies*. Cette opération ne les endommage pas du tout. Il s'agit des entailles qu'on fait aux épicéas pour en tirer la résine qui produit la poix; on rencontre dans les montagnes peuplées de ce bois une multitude d'arbres criblés de ces entailles, et qui finissent par en périr.

8. L'amende pour les délits énoncés au présent titre sera double, s'ils ont été commis de nuit; s'ils l'ont été avec feu ou scie: si le bois a été arraché; si le délinquant est voiturier, facteur, ouvrier employé dans la forêt; s'il y est usager, ou pâtre du troupeau qui y a le parcours.

9. La première récidive commise dans l'année sera également punie d'une amende double.

Si elle est accompagnée d'une des circonstances prévues, ou si le délinquant est une des personnes désignées dans l'article précédent, outre l'amende double, il y aura lieu à un emprisonnement de cinq jours au moins et de deux mois au plus. Sera punie des mêmes peines la deuxième récidive commise par toutes autres personnes, et sans la réunion d'aucune de ces circonstances.

10. Il n'y a pas lieu à la peine de l'emprisonnement pour les délits commis en récidive dans les coupes, excepté contre ceux qui les auraient commis personnellement.

11. Pour tous les délits énoncés au présent titre, la restitution sera égale à l'amende simple. Dans le cas où elle n'atteindrait pas la valeur du bois coupé, le délinquant sera condamné à une restitution plus forte, d'après l'estimation des agens forestiers.

12. Outre les amendes et restitutions, il y a toujours lieu à la confiscation des bêtes de trait ou de somme, attelages, voitures, outils et instrumens qui auront servi à commettre le délit, ou à transporter le bois qui en provient.

Nous avons retranché du nombre des personnes comprises dans l'article 5 du titre XXXII de l'ordonnance, *les marchands-ventiers*, les arpenteurs, officiers et gardes forestiers; les délits que commettraient les employés dans les bois, seraient des prévarications qui ne peuvent être punies correctionnellement.

Art. 6 du titre XXXII : « Voulons que toutes les personnes ci-dessus (celles qui sont désignées dans l'art. 5) soient privées en cas de récidive, savoir, les officiers de leurs charges, les marchands de leurs ventes, les usagers de leurs droits, et que *tous soient bannis à perpétuité des forêts, sans qu'ils puissent obtenir aucune lettre de pardon, rétablissement, commutation et rappel de ban. . .* »

La confiscation et la privation des droits sont donc cumulées ici avec le bannissement perpétuel, contre ceux qui auraient commis une seule récidive, sans que l'intervalle de temps qui doit s'écouler entre cette récidive et le premier délit, soit limité.

Art. 8. « Les restitutions et dommages-intérêts seront adjugés de tous délits, au moins à pareille somme que portera l'amende. »

On croit pouvoir observer que sous quelque forme que se présentent les délits de bois coupé, ils trouvent une peine applicable dans quelques dispositions de ce titre, tandis qu'à cet égard l'ordonnance laissait plusieurs lacunes.

TITRE III.

Des délits de pâturage.

ART. 1er. Pour chaque bœuf, vache ou veau d'un an, trouvé hors des cantons et chemins désignés, l'amende sera de 5 fr. : elle sera de 3 fr. pour un cheval ou autre bête de somme.

On n'a pas dit ici *trouvé en délit*, parce que la seule introduction du bétail hors des chemins usités, est un délit, et que cette expression aurait été une porte ouverte à la chicane.

L'ordonnance prononce 20 fr. d'amende et 20 fr. de restitution pour chaque bœuf, vache ou cheval, et ne parle pas d'autres bêtes de somme.

On sait que les chevaux font bien moins de dommage que les bêtes à cornes.

2. Il est défendu en tous temps, d'introduire des chèvres et bêtes à laine dans les bois et forêts, places vagues, et à une distance des rives des bois moindre de deux mètres, à peine de 3 fr. par chaque chèvre, et de 2 fr. par brebis; de 10 fr. d'amende contre les pâtres ou bergers, et d'un emprisonnement de cinq à dix jours, en cas de récidive.

3. L'amende, pour les délits énoncés dans les deux articles précédens, augmentera par chaque année que le taillis aura au-dessous de dix ans, de 1 franc pour une bête à corne, de 60 cent. pour un cheval et pour une chèvre, et de 40 cent. pour une brebis.

Comme plus les taillis sont jeunes, plus le bétail y commet de dégât, nous avons cru devoir y appliquer une amende progressive en raison de leur jeunesse :

NOMBRE d'années.	AMENDE PROGRESSIVE par		
	bête à cornes.	cheval et chèvre.	brebis.
9	6f	3f 60c	2f 40c
8	7	4 20	2 80
7	8	4 80	3 20
6	9	5 40	3 60
5	10	6 00	4 00
4	11	6 60	4 40
3	12	7 20	4 80
2	13	8 80	5 20
1	14	9 40	5 60

4. L'accès des forêts est interdit aux porcs, si ce n'est dans les cantons ouverts à la glandée, à peine de 2 fr. d'amende par chaque bête.

Nous n'avons pas adopté la même progression pour les porcs, parce que cette espèce de bétail pâture en fouillant la terre et non en broutant.

5. L'amende sera de 100 fr. pour les troupeaux entiers de toute espèce de bétail, lorsque le nombre des bêtes n'aura pu être constaté.

Ordonnance de Lorraine, tit. IV, art. 12. On conçoit la difficulté qu'il y a pour les gardes à compter toutes les bêtes d'un grand troupeau, lorsque le gardien veut les en empêcher.

6. Il sera payé une amende de 2 fr. par mètre carré de taillis brisé par le passage des voitures, lorsque le procès verbal qui constatera le délit n'indiquera pas la quantité de brins qui ont été écrasés et endommagés.

Art. 7, titre IV de l'ordonnance de Lorraine. Deux arrêts de cassation, l'un du 15 novembre 1811, l'autre du 18 octobre 1822, ont décidé que la peine à appliquer ici, était celle qui est prononcée par l'art. 10 du titre XXXII de l'ordonnance de 1669, à raison du nombre de bêtes de trait dont la voiture était attelée; mais cette jurisprudence n'a pu être admise que par analogie, et parce que la loi n'avait aucune disposition spéciale pour le délit dont il s'agit.

7. Pour les délits énoncés dans les articles précédens, l'amende sera double, 1° s'ils ont été commis de nuit, ou par des personnes désignées dans l'art. 8 du titre II; 2° si c'est une récidive commise dans l'année; l'amende sera triple, s'il y a plusieurs de ces circonstances réunies.

8. Les communes et les usagers dans les bois de l'État, sont tenus, sous peine de suspension de leur droit, d'envoyer à l'inspecteur des forêts, avant le 15 janvier de chaque année, la déclaration détaillée de la quantité de bestiaux de chaque espèce qu'ils doivent mettre en pâture, et la preuve qu'il y a dans la commune un pâtre nommé conformément à la loi.

Arrêt du Conseil, du 2 juin 1765.

C'est pour avoir laissé tomber en désuétude la loi qui prescrivait la nomination d'un pâtre commun, que les troupeaux à part, un des plus grands fléaux des taillis, se sont multipliés.

9. Le conservateur des forêts dressera chaque année l'état des cantons reconnus défensables; cet état règlera le temps du parcours et le nombre de bestiaux de chaque espèce qui pourra y être envoyé.

Il fixera aussi l'époque de l'ouverture de la glandée et le temps de sa durée.

Les habitans et usagers ne pourront envoyer au pâturage un plus grand nombre de bestiaux qu'il n'en sera porté dans l'état, ni au-delà du temps fixé, à peine des amendes et restitutions prononcées par les articles 1, 3 et 7 du présent titre.

L'art. 3 du titre XVIII fixe cette ouverture au premier octobre, et la clôture au premier février.

L'époque de l'une et de l'autre doit être subordonnée à la maturité plus ou moins avancée du gland et de la faine, et à leur quantité.

10. Les usagers et les adjudicataires de la glandée ne pourront y mettre des porcs en plus grand nombre qu'ils n'y sont autorisés, à peine de confiscation de ceux qui excèderont, et de 2 fr. d'amende par chaque bête.

L'art. 3 prononce 100 fr. d'amende et confiscation des porcs excédant le nombre prescrit.

Comme cette espèce de bétail pâture en fouillant la terre, et renverse les jeunes brins de semence, il importe de réprimer sévèrement l'abus de la glandée.

11. Tous les habitans d'une même commune ou d'un hameau feront conduire leur bétail réuni, par un même chemin sans mélange de bestiaux d'une autre commune, à peine de 10 fr. d'amende contre le pâtre, et contre les propriétaires, des amendes portées aux articles 1, 3, 4 et 5 du présent titre.

L'art. 6 du titre XIX, cumulant cette disposition avec l'obligation de marquer le bétail, prononce une *amende arbitraire, confiscation du bétail, et punition exemplaire contre les pâtres et gardiens.*

12. Pour assurer la conservation des jeunes taillis ou des plants qui se trouveraient le long des chemins par où les troupeaux doivent passer, les communes et les usagers sont tenus d'y pratiquer des fossés, ou toute autre clôture qui leur sera prescrite par les agens forestiers, à peine de suspension de l'exercice du droit de pâturage.

L'art. 12 veut qu'il soit fait des fossés le long de ces chemins; souvent on ne pourrait en ouvrir sans endommager le bois : on doit laisser aux agens le soin de prescrire l'espèce de clôture qui sera nécessaire.

13. Il est défendu à tous particuliers et usagers, excepté dans le cas prévu par l'article suivant, d'envoyer leur bétail à garde séparée, à peine de 10 fr. d'amende pour la 1ère. fois, du double pour la 2e.,

L'art. 8 prononce une amende de 10 fr. pour la première fois, confiscation pour la deuxième, et privation du droit pour la troisième.

et de suspension du droit pendant un an pour la 3.e fois.

14. Il sera délivré à chaque commune ou hameau un canton défensable le plus à proximité qu'il sera possible, pour le parcours du bétail employé aux travaux d'agriculture, qui n'aura pu se réunir au troupeau commun.

Disposition nouvelle. Modification à la loi, que l'intérêt de l'agriculture réclamait depuis long-temps.

15. Les particuliers sont tenus de mettre une clochette au cou de leurs bêtes à cornes, ânes et chevaux allant au parcours, à peine de 2 fr. d'amende par chaque bête trouvée sans clochette.

L'art. 19, qui prescrit cette obligation, ne prononce point d'amende.

16. Les bestiaux seront marqués d'une marque distinctive pour chaque commune ou hameau, à peine de 5 fr. d'amende par chaque bête qui serait trouvée sans marque, et de 10 fr. par chacune de celles qui porterait une marque étrangère.

L'empreinte de la marque sera déposée par les communes ou les usagers, au greffe du tribunal d'arrondissement, et au bureau de l'agent forestier, à peine de suspension de l'exercice du droit.

Art. 5 du titre XVIII et 6 du titre XIX qui cumulent plusieurs dispositions sous une même peine.

17. Il est défendu aux habitans des communes d'envoyer au pâturage les bestiaux dont ils font commerce à peine de confiscation et de 50 fr. d'amende.

L'art. 14 du titre XIX ne fixe pas l'amende.

18. Le parcours est interdit de droit au bétail, dans les cantons qui ont été endommagés par le feu, aussi long-temps que l'administration n'aura pas levé la défense d'y pâturer, à peine des amendes prononcées par les articles 1 et 3 du présent titre.

Disposition nouvelle.

19. Les propriétaires du bétail seront condamnés solidairement avec les pâtres, bergers et conducteurs des bestiaux trouvés en délit.

20. Dans tous les cas où les amendes prononcées par les articles 1, 2 et 3 sont applicables, il y aura lieu à une restitution égale à l'amende.

TITRE IV.

Des arpentage, martelage, vente et exploitation des coupes.

Art. 1er. Le bois abattu dans les laies et tranchées qui limitent les coupes, fera partie de l'adjudication, et ne pourra être enlevé par les arpenteurs, gardes, usagers ou autres, à peine d'une amende double de celle qui est portée en l'art. 1 du titre II, et d'une restitution égale à l'amende.

Art. 8, titre XV de l'ordonnance.

Il ne pourra être donné, sans une autorisation, plus d'un mètre de largeur aux laies et tranchées, à peine de 100 fr. d'amende contre les arpenteurs.

2. Dans les bois qui sont dépourvus de futaie, il sera réservé cent baliveaux de l'âge du taillis par hectare, et 50 à 75 dans ceux qui contiennent de la futaie;

Dispositions nouvelles.

En outre tous les arbres sains et d'espérance, et ceux qui quoique sur le retour, seraient nécessaires au repeuplement de la forêt.

Dans les cas où le nombre des réserves ci-dessus prescrit excéderait la possibilité, ou pourrait nuire à l'accroissement du taillis, il est enjoint aux agens forestiers, d'en faire une mention motivée dans leurs procès verbaux de martelage.

Art. 12, titre XV de l'ordonnance.

Dans les bois aménagés en futaie, le cahier des charges fixera le nombre d'arbres qui doivent être réservés.

Disposition nouvelle. L'article 11 du titre XV de l'ordonnance veut qu'il y soit réservé dix arbres par arpent. On pense que le nombre des réserves y doit être subordonné à l'état de la futaie.

3. Lesdits procès verbaux indiqueront, sans garantie toutefois envers les adjudicataires, le nombre des arbres modernes et anciens qui seront abandonnés avec le taillis.

4. Dans le cas où le nombre des arbres réservés excéderait celui qui est prescrit par l'article 2, l'adjudicataire ne pourra ni réclamer une indemnité, ni disposer de l'excédant, à peine d'être puni conformément aux dispositions de l'art. 5 du titre II.

5. Le Gouvernement règlera par un cahier des charges les clauses générales de l'adjudication des coupes de bois.

Les clauses particulières devront être approuvées par l'administration des forêts.

6. Les adjudications seront faites pardevant les Préfets et Sous-Préfets; ou pardevant les Maires des communes de la situation des bois, si cela est autorisé par le Gouvernement.

Elles auront lieu en présence des agens forestiers et de ceux du domaine, à peine de nullité.

7. Toute vente faite sans autorisation légale, ou sans avoir été annoncée par des affiches, sera considérée comme clandestine et déclarée nulle. Les fonctionnaires et agens qui y auront concouru

seront condamnés à une amende solidaire de 1000 fr. au moins, et de 4000 fr. au plus.

Il y aura lieu contre l'adjudicataire à la confiscation du bois vendu, ou du prix de la vente, et à une amende égale au prix dudit bois.

8. La publication des ventes sera faite par des affiches placardées dix jours au moins avant l'adjudication, dans le lieu de la vente, dans les communes de la situation des bois, et dans les principales communes environnantes.

Les Maires sont tenus de délivrer à l'agent forestier les certificats d'apposition desdites affiches.

9. Il est défendu à tous juges, procureurs du Roi, agens et gardes forestiers, et à tous fonctionnaires publics qui concourront aux ventes, d'y prendre part, soit comme adjudicataires, soit comme associés, cautions ou certificateurs, à peine de confiscation des coupes ou du prix auquel elles ont été vendues, et d'une amende de 1000 fr. au moins et de 4000 fr. au plus.

L'art. 21 de l'ordonnance étend cette prohibition à un plus grand nombre de fonctionnaires, aux ecclésiastiques et aux gentilshommes.

10. Il est également défendu aux parens, ou alliés en ligne directe des agens forestiers, à leurs frères, beaux-frères, oncles, neveux ou cousins germains, d'enchérir et prendre part aux ventes directement ni indirectement, sous les mêmes peines, et en outre contre l'agent forestier qui aura toléré lesdites ventes, d'une amende de 2000 fr. au moins et de 6000 fr. au plus.

Art. 22 de l'ordonnance.

11. Toute association secrète, toutes

Art. 23.

manœuvres qui tendent à empêcher la concurrence dans les ventes, ou à troubler les enchères, seront punies d'une amende de 500 à 4000 fr., d'un emprisonnement de quinze jours à deux mois, et de la confiscation des ventes.

12. Seront considérées comme associations secrètes et punies des mêmes peines, toutes assemblées des adjudicataires, tenues dans les vingt-quatre heures de la vente provisoire, qui auraient changé l'état des adjudications.

Disposition nouvelle. Ces réunions, tendant au monopole, doivent être punies avec la même sévérité; elles rendent illusoire la faculté d'enchérir pendant vingt-quatre heures, et forcent les adjudicataires de bonne-foi à subir des conditions qui ne leur étaient pas imposées.

13. Il ne peut être imposé aux adjudicataires, verbalement ou par écrit, d'autres charges ni d'autres frais que ceux qui sont autorisés et réglés par la loi et le cahier des charges, à peine de nullité des clauses illicites, et contre les fonctionnaires qui les auront provoquées ou autorisées, d'une amende de 200 à 500 fr., et de restitution et indemnité envers les parties lésées.

14. L'adjudicataire ne peut avoir plus de trois associés, qui sont tenus dans les cinq jours de déposer au secrétariat du lieu de la vente l'acte de leur association, et leur soumission de satisfaire aux charges de l'adjudication, à peine de nullité de toute société secrète, et d'une amende solidaire qui ne pourra être au-dessous de 500 fr. ni excéder 1500.

Art. 24.

Sont punies des mêmes peines les reventes partielles et par lots des coupes encore sur pied, et en outre de la confiscation desdits lots.

Cette disposition est une conséquence de la précédente. Le morcellement des coupes en petits lots est une source de délits nombreux.

15. Après l'adjudication faite, pourront toutes personnes non prohibées et

Art. 31 de l'ordonnance.

reconnues solvables enchérir d'un sixième, d'un tiers, de moitié, ou doubler le prix de la vente, jusqu'au lendemain midi; après lequel temps il n'y aura plus lieu à surenchérir, sous quelque prétexte et pour quelque considération que ce puisse être.

L'enchère du sixième est tirée de l'art. 9 du titre 11 de l'ordonnance de Lorraine de 1707. Beaucoup de marchands, qui ne voudraient pas augmenter le prix d'un tiers, se décident à surenchérir d'un sixième que l'ordonnance appelle croisement; et ce croisement amène le tiercement; ainsi de suite.

Les actes qui suivront l'adjudication seront valablement signifiés au secrétariat du lieu de la vente, si les enchérisseurs n'ont pas élu domicile.

16. Les adjudicataires qui auront révoqué leurs enchères, et ceux qui seront déchus faute de fournir leurs cautions et certificateurs dans le délai prescrit, seront contraints et par corps, de payer leur folle enchère.

Articles 25, 26 et 27.

Dans ces cas les précédens enchérisseurs seront graduellement et successivement subrogés aux lieu et place de ceux qui auront révoqué leurs enchères, ou qui seront déchus de leur adjudication.

17. Le premier enchérisseur aura la faculté de ne pas accepter la vente, si dans la même séance il a acheté des coupes pour une valeur au moins égale à celle de la vente qui lui est dévolue par suite du renvoi ou de la déchéance.

Disposition nouvelle qui nous a paru non-seulement conforme à l'équité, mais propre à exciter la concurrence, à laquelle nuit souvent la crainte des renvois, qui peuvent jeter un marchand hors de ses mesures.

Mais dans ce cas il paiera une folle mise du vingt-cinquième du prix de la vente, et la coupe sera remise à l'enchère.

Cette deuxième disposition a pour but d'empêcher qu'on n'abuse de la première aux dépens du trésor public.

18. Les déclarations de surenchères seront faites au secrétariat du lieu de la vente; le secrétaire tiendra note du jour et de l'heure précise où il les aura reçues, à peine de 500 fr. d'amende et de tous

Art. 32 du titre XV.

dommages-intérêts, sans préjudice de plus fortes peines en cas de collusion.

Addition à l'art. 34 du titre XV.

19. Le procès verbal d'adjudication emporte exécution parée et la contrainte est par corps contre les adjudicataires, leurs cautions, certificateurs de cautions et autres coobligés, tant pour le paiement du prix principal que pour le décime et les frais.

Art. 27.

20. L'adjudicataire est tenu de fournir dans le délai qui sera prescrit par le cahier des charges, bonne et valable caution et certificateur de caution, lesquels pourront être renforcés le cas échéant, et s'obligeront à toutes les charges et conditions de l'adjudication, aux dommages, restitutions et amendes qu'aura encourus ce dernier, lors même, en cas d'instance, que lesdits caution et certificateur n'auraient pas été mis en cause.

Art. 29.

21. L'adjudicataire qui sera en retard d'acquitter le prix des ventes, pourra être contraint au paiement d'une amende du vingtième des sommes non acquittées à l'échéance.

Modification de l'art. 5 de l'arrêté du Gouvernement, du 17 frimaire an 11.

22. Il est défendu aux agens forestiers, hors le cas prévu par l'art. 53, de rien changer à l'état des coupes après l'adjudication, à peine d'être condamnés solidairement avec les marchands qui auraient profité de ces changemens, au quadruple des amendes prononcées par le titre II, sans préjudice à des peines plus graves, s'il y a lieu.

Art. 14 du titre XV de l'ordonnance, modifié.

23. Les adjudicataires ne peuvent, à moins d'être punis comme délinquans,

commencer l'exploitation de leurs ventes, avant d'en avoir reçu le permis de l'agent forestier local, qui ne pourra, à peine de responsabilité, le délivrer que sur le vu des certificats constatant que les adjudicataires ont fourni leur cautionnement, souscrit les traites du prix principal et rempli les autres obligations mises à leur charge.

24. L'adjudicataire est tenu, avant d'avoir obtenu son permis d'exploiter, 1°. de nommer un facteur ou garde-vente, lequel sera agréé par l'agent forestier, et assermenté pardevant le juge de paix.

2° D'avoir un registre coté et paraphé par cet agent, pour y inscrire jour par jour la quantité et le prix des bois débités et vendus, les noms et domiciles des acheteurs. Ce registre sera présenté aux agens forestiers toutes les fois qu'ils le requerront, à peine de 100 fr. d'amende.

25. Les facteurs ne pourront être parens ni alliés de l'agent forestier local ou du garde du triage, ni caution ou certificateur de l'adjudicataire.

Ils pourront dresser des procès verbaux des délits qui se commettront tant dans leurs ventes qu'à l'ouïe de la cognée; il les remettront dans la huitaine à l'agent forestier. Ces procès verbaux ne pourront servir de décharge à l'adjudicataire qu'autant que les délinquans y seraient désignés, et qu'ils seraient revêtus de toutes les formalités prescrites.

Cette condition nous a paru nécessaire pour prévenir toute collusion entre le facteur et l'adjudicataire.

26 L'adjudicataire des coupes qui contiennent de la futaie est tenu à peine de

100 fr. d'amende, d'avoir un marteau dont la forme sera déterminée par le cahier des charges, pour marquer toutes les pièces en grume ou façonnées qui sortiront desdites coupes.

L'empreinte du marteau sera déposée au greffe du tribunal et chez l'agent forestier local.

27. L'adjudicataire est tenu de faire marquer dudit marteau toutes les pièces qui sortiront de sa vente, à peine de 10 fr. d'amende par chaque pièce non marquée.

Celui qui marquerait de son marteau des bois qui ne proviendraient pas de sa vente, sera condamné en 30 f. d'amende par pied d'arbre.

L'art. 37 de l'ordonnance porte : « sans que plusieurs associés puissent avoir plus d'un marteau, ni marquer d'autres bois que ceux de leurs ventes, *à peine d'être punis comme faussaires.* »

28. Chaque adjudicataire pourra, avant de commencer son exploitation, faire procéder à ses frais, en présence d'un agent forestier, par deux experts, nommés l'un par lui, et l'autre par l'agent, au souchetage et à la reconnaissance des délits qui seraient commis dans la vente et à l'ouïe de la cognée, fixée à la distance de 200 mètres pour le taillis, et de 350 mètres pour la futaie.

Il sera dressé procès verbal de cette reconnaissance.

29. L'adjudicataire qui prétendrait qu'il y a erreur au procès verbal de martelage sur le nombre des arbres réservés dans sa vente, pourra aussi, avant d'avoir reçu son permis d'exploiter, demander qu'il en soit fait un nouveau comptage; mais dans ce cas, le conservateur désignera, pour y procéder avec les agens

Disposition nouvelle. En exigeant des adjudicataires toutes les garanties d'une bonne exploitation, il est juste aussi de leur accorder toutes celles qui peuvent les mettre à l'abri d'une erreur commise.

locaux, un agent qui n'aura pas procédé au martelage; et s'il est reconnu que la réclamation de l'adjudicataire soit mal fondée, il sera tenu de payer aux agens, pour leur déplacement, une indemnité qui sera réglée par le conservateur.

Sans cette condition, l'adjudicataire pourrait abuser du droit de réclamer.

30. A dater du permis d'exploiter, l'adjudicataire est responsable, pendant toute la durée de l'exploitation, et jusqu'à ce qu'il ait obtenu sa décharge, de tous les délits forestiers commis dans sa vente et à l'ouïe de la cognée, si les facteurs ou gardes-ventes n'en ont fait leurs rapports, conformément aux dispositions de l'art. 25 du présent titre.

31. Les bois seront coupés à la cognée et non autrement, à peine de 100 francs d'amende, et d'une indemnité qui sera évaluée par les agens forestiers d'après le dommage.

Les souches et étocs seront, sous les mêmes peines, ravalés le plus près de terre que faire se pourra, sans écuisser ni éclater.

32. La coupe du taillis, de la futaie et des bois à écorcer, sera terminée dans les délais prescrits par le cahier des charges, à peine de confiscation du bois resté sur pied ou gisant sur la coupe.

Outre la confiscation, il y aura lieu, pour le bois coupé après le délai, à une amende égale au dommage qui sera évalué par les agens forestiers.

L'art. 40 du titre XV veut que le taillis et la futaie soient abattus pour le 15 avril.

Le cahier des charges, dérogeant à cette disposition, proroge le délai jusqu'au 15 mai pour la futaie; il accorde le même délai pour le taillis à écorcer, et jusqu'au 15 juin pour les arbres.

Nous pensons que les délais d'abattage ne peuvent pas être les mêmes dans les différens climats de la France; c'est donc au cahier des charges à les fixer.

Il n'y a lieu, selon nous, à une amende que dans le cas où le bois aurait été abattu après le délai; car s'il est confisqué sur pied, il n'y a pas de dommage.

53. Il est défendu aux adjudicataires de faire de l'écorce dans leur ventes, ou d'écorcer le bois sur pied, à moins d'y être autorisé, à peine de 500 fr. d'amende et de confiscation.

Disposition nouvelle quant à la première partie de cet article. Il paraît, d'après le silence de la loi, que la faculté de faire de l'écorce était de droit, quoique nuisible au recru du taillis.

54. Les ramiers seront relevés et façonnés et la coupe néttoyée des épines, ronces et autres arbustes nuisibles, dans les délais prescrits par le cahier des charges, à peine d'une amende de 100 à 500 f., et d'une indemnité égale au dommage qui sera évalué par les agens forestiers.

L'art. 51 du cahier des charges porte « qu'en cas de négligence des adjudicataires, il y sera pourvu à leurs frais à la diligence des agens forestiers. » N'est-il pas plus juste de donner à ceux-ci des moyens coërcitifs pour forcer les marchands à remplir leurs obligations, que de les charger eux-mêmes de les exécuter?

55. La futaie ne sera point coupée en pivot, mais en talus, de manière que l'eau ne puisse y séjourner, à peine de 5 fr. d'amende par pied d'arbre.

56. Les chemins de vidange ne seront point encombrés par le bois abattu, de manière à gêner la circulation des voitures, à peine de 5 fr. d'amende.

Disposition nouvelle.

57. Il est défendu aux adjudicataires de prendre des harts pour lier les bois de débit, ailleurs que dans leurs ventes, sans en avoir reçu le permis des agens forestiers, à peine d'être punis conformément aux dispositions du titre II.

58. Il leur est défendu de faire travailler, voiturer, ni enlever du bois depuis le coucher jusqu'au lever du soleil, ni dans les jours fériés, à peine de 100 fr. d'amende.

59. Il leur est défendu d'introduire dans leurs ventes d'autre bois que celui qui en provient, à peine de 100 à 400 fr. d'amende et de confiscation du bois introduit, sans préjudice à de plus grandes peines, s'il y a lieu.

L'art. 48 du titre XV porte : *à peine d'être punis comme s'ils l'avaient volé.*

Cette supposition ne peut être admise, dans le cas où l'adjudicataire transporte le bois d'une vente usée dans celle qu'il exploite, pour éluder les délais de vidange, et c'est presque toujours là son motif.

40. Il est défendu aux adjudicataires et aux voituriers d'introduire dans les ventes ni dans les forêts, aucune bête à cornes, sans être muselées, à peine de 3 fr. d'amende par chaque bête, ni d'y laisser paître leurs chevaux et bestiaux sous les peines prononcées par le titre III.

41. L'amende sera de 10 fr. par chaque fosse ou fourneau à charbon que l'adjudicataire aura pratiqué dans des places non désignées par les agens forestiers, sans préjudice aux amendes et restitutions pour le dommage commis.

42. L'adjudicataire qui aura établi des loges et ateliers ailleurs que dans sa vente et dans les places qui lui auront été désignées, sera condamné en 20 fr. d'amende par chaque atelier ou loge, sans préjudice aux amendes et restitutions pour le dommage commis.

43. Les fauldes ou places à charbon seront désignées par un agent forestier, sur l'emplacement des anciennes ou sur des places vagues, au nombre de deux par hectare, tout au plus.

L'adjudicataire est tenu de les faire fouir et repiquer de jeunes plants, après le récolement.

44. Il est défendu à tous adjudicataires, facteurs et ouvriers d'allumer du feu ailleurs que dans leurs loges et ateliers, à peine de 100 fr. d'amende, sans préjudice aux indemnités et restitutions pour le dommage commis.

45. Il est défendu aux adjudicataires, facteurs, et à tous autres, d'entamer l'écorce des arbres réservés, soit pour les

Disposition nouvelle, et nécessaire contre un abus presque général, et qui se renouvelle souvent plusieurs fois dans la même vente.

recompter, pour marquer les ateliers, ou pour tout autre motif, à peine de 3 f. d'amende par pied d'arbre, sans préjudice de plus grandes peines en cas de dommage considérable.

46. Les adjudicataires, facteurs, ou autres, qui auront effacé la marque du marteau royal, apposée par les agens forestiers, ou fait d'autres entailles ou plaquis pour changer l'état des arbres marqués en réserve ou en délivrance, seront condamnés à une amende de 2000 fr. au moins et de 10,000 fr. au plus, sans préjudice à la restitution, et en outre, à un emprisonnement de trois mois à un an.

Disposition nouvelle. Un arrêt de la Cour de cassation, du 14 août 1812, décide que les faits caractérisés ici constituent le crime de faux.

Nous avons cru ne devoir attacher l'idée de ce crime qu'aux cas prévus dans l'article suivant, conformément aux articles 140 et 141 du Code pénal.

47. Quiconque aura, dans le même dessein, substitué une fausse marque à celle du marteau royal, apposée par les agens forestiers et ceux de la marine, ou qui se sera indûment procuré ce marteau et en aura fait usage, sera condamné aux peines prononcées par le Code pénal.

48. Les adjudicataires sont tenus d'ouvrir des fossés, et de curer à vif fonds et aligner ceux qui se trouveraient dans l'intérieur ou au périmètre de leurs ventes, suivant l'étendue et les dimensions qui seront prescrites par le cahier des charges.

Le silence de la loi et du cahier des charges, sur l'obligation d'ouvrir des fossés neufs, donne à cette mesure une apparence d'arbitraire qui nuit à son exécution, et pèse sur les agens chargés d'y veiller.

Ces fossés seront ouverts ou rétablis par moitié sur le terrain de la forêt et celui des riverains, de chaque côté de la ligne de fond.

Arrêté du Ministre des finances, du 19 septembre 1811, pour les bois royaux, et qui deviendrait commun aux bois de toutes catégories.

49. Il y aura dans chaque conservation un nombre de gardes terrassiers qui sera déterminé par l'administration.

Disposition nouvelle.

Ils seront chargés de la confection et du curage des fossés dans les coupes des bois de l'état, et celles qui seront vendues dans les bois de communes et d'établissemens publics, et en outre de la coupe des harts accordées aux adjudicataires, de celle des *rouettes* ou harts destinées au flottage, des épines et de l'extraction du plant dont l'enlèvement sera autorisé.

Ces employés seront nommés et reçus de la même manière que les autres gardes. Ils pourront dresser des procès verbaux de tous les délits qui auront rapport à leur fonctions.

50. Les travaux attribués aux gardes terrassiers leur seront répartis par les agens forestiers locaux, et ils en seront payés par les adjudicataires et les parties prenantes, d'après un tarif qui sera arrêté par les Préfets sur l'avis des Conservateurs.

La coupe des harts et rouettes étant un service irrégulier, ne devrait être confiée qu'à des employés responsables.

Il en est de même du repeuplement des places vagues et des fauldes à la charge des adjudicataires; ces opérations, dont ils s'acquittent à moins de frais possible, sans se mettre en peine de la réussite, seraient remplies avec soin, et d'après des procédés uniformes, par les gardes terrassiers.

Il en est une surtout qui pourrait leur être confiée avec bien de l'avantage, c'est le nettoiement des épines qui étouffent tant de taillis. Je ne connais pas un moyen d'en purger les bois qui n'ait ses inconvéniens : celui qui en a le moins, est d'en charger des employés responsables, expérimentés, et sans intérêt pour abuser.

L'établissement si utile des gardes terrassiers serait bien peu onéreux au trésor, étant presque toujours employés aux travaux à la charge des adjudicataires.

51. Les harts ou *rouettes*, nécessaires à la construction des trains de bois destinés au flottage, ne pourront être prises que dans les taillis de 9 à 12 ans.

La quantité à couper dans chaque forêt sera constatée par procès-verbal, et portée annuellement en l'état d'assiette.

Le cahier des charges de la vente sera dressé par le Conservateur et approuvé par l'administration. Nul ne sera admis aux enchères qu'après avoir justifié de ses entreprises de flottage.

Les rouettes seront coupées avant le 15 de mai par les gardes terrassiers, sous

Dispositions nouvelles.

Quoique ces dispositions de détails ne puissent entrer dans un projet de loi, on a cru devoir les insérer dans ce travail, parce qu'elles sont relatives à un service irrégulier et peu connu jusqu'ici.

Comme l'exploitation des rouettes se fait par exception à la règle, le cahier des charges doit la restreindre autant que possible, au lieu de la favoriser.

la surveillance des gardes du triage et du garde général.

Il ne sera coupé que des brins traînans et rampans de charme et coudrier, le plus près de terre qu'il se pourra; les maîtres brins seront respectés au nombre de six à huit par cépée.

52. Les adjudicataires sont tenus de se conformer, relativement aux arbres marqués dans leurs ventes pour le service de la marine et de l'artillerie, aux lois et ordonnances et aux clauses de leur adjudication, sous les peines y portées.

Loi du 9 floréal an onze.

Ordonnances des 28 août 1816 et 29 septembre 1819.

53. Il est défendu aux adjudicataires dans les bois de l'état, des communes ou des établissemens publics, ou dans ceux des particuliers qui y sont attenans, ainsi qu'aux propriétaires qui les font exploiter, de donner du bois en paiement ni pour tout autre motif, aux bucherons et ouvriers, à peine de 100 fr. d'amende contre les uns et les autres.

Arrêts du Conseil des mois de mai 1777 et juin 1781.

54. S'il arrive dans le cours de l'exploitation que des arbres réservés soient renversés par les vents ou par d'autres accidens, l'adjudicataire ne peut en disposer; mais il est tenu d'en faire la déclaration aux agens forestiers, pour qu'ils puissent en marquer d'autres en remplacement, à peine de 5 fr. par chaque baliveau de l'âge qu'il n'aurait pas déclaré, et de 10 fr. par chaque arbre de futaie, sans préjudice aux peines portées au titre II pour les arbres dont il aurait disposé.

L'art. 46 de l'ordonnance porte : « Si, pendant l'usance des ventes, aucuns des arbres réservés étaient arrachés, etc. »

Il ne prononce aucune peine.

Le point essentiel est de ne rien demander aux adjudicataires que de juste et de nécessaire; mais alors toute infraction doit être suivie de la peine, parce que la loi ne doit jamais être un simple conseil, mais un devoir imposé.

55. L'adjudicataire ne peut faire abat-

L'art. 43 porte : « L'arbre sur lequel

tre, sans y être autorisé, les arbres de réserve sur lesquels ceux de la vente seraient encroués; mais il est tenu d'en faire aussitôt la déclaration aux agens forestiers, à peine d'être poursuivi conformément aux dispositions du même titre.

celui qui sera tombé se trouvera encroué ne pourra être abattu sans la permission du grand-maître ou des officiers, après avoir pourvu à notre indemnité. »

L'indemnité à payer par l'adjudicataire pour les arbres qu'il aura été autorisé à couper, ne pourra être moindre de 20 fr. pour un moderne, et de 50 fr. pour un ancien; elle sera plus considérable dans le cas où ils seraient d'une plus grande valeur.

S'il est reconnu qu'il y a eu affectation dans le dommage commis, l'adjudicataire sera poursuivi conformément aux dispositions du titre II.

Cette disposition nouvelle, ajoutée à celle de l'art. 43 du titre XV de l'ordonn., aura souvent son application dans les forêts d'arbres résineux, où il se commet des dégâts considérables dans l'abattage.

56. Les adjudicataires sont responsables des délits commis par leurs ouvriers et voituriers, et seront condamnés solidairement avec eux.

Art. 52 du cahier des charges.

57. Dans le cas où les adjudicataires ne se conformeraient pas, dans l'exploitation, aux clauses du cahier des charges, ils pourront y être contraints aussitôt le délit constaté, et poursuivis pour tous ceux qui se commettraient dans leurs ventes, sans qu'il soit besoin d'attendre le récolement définitif.

58. Dans les coupes de bois résineux et autres, qui se font en jardinant, le cahier des charges règlera la distance à laquelle est fixée la responsabilité de l'adjudicataire, s'il y a lieu de la prescrire.

Disposition nouvelle. Ces coupes sont souvent trop disséminées pour que la responsabilité à l'ouïe de la cognée puisse avoir lieu.

59. L'adjudicataire qui n'aura pas vidé sa vente dans le délai prescrit par le

L'art. 40 du titre XV prononce la confiscation et une amende arbitraire, ce qui

cahier des charges, sera condamné à une amende égale au dommage qui en résultera d'après l'estimation des agens forestiers; le bois restant sera confisqué et transporté hors de la forêt, ensuite vendu à leur diligence.

La vidange des chablis sera faite dans le délai fixé par le procès verbal de vente, sous les mêmes peines.

60. Il est défendu aux agens forestiers d'accorder aucune prorogation de délai d'abattage ou de vidange, à peine d'amende de 100 fr. au moins et de 400 fr. au plus, laquelle amende sera également encourue par l'adjudicataire.

61. Les délais de vidange ou d'abattage seront accordés, s'il y a lieu, par le Gouvernement, d'après un procès verbal de reconnaissance qui constatera le dommage qui doit en résulter.

62. Les dispositions contenues au présent titre sont applicables à l'exploitation des coupes des usagers dans les bois de l'Etat, de celles des bois communaux et d'établissemens publics, dans tous les cas où il n'a pas été statué autrement par la présente loi.

Elles s'appliquent également à l'exploitation des bois des particuliers, s'il n'y a conventions contraires entre les parties.

veut dire que l'amende sera réglée sur le dommage.

L'art. 4 du titre XVII de l'ordonnance n'accorde qu'un mois au plus pour la vidange des chablis. On pense que le délai doit être proportionné à la quantité de bois vendu.

L'art. 40 du tit. XV prononce contre les officiers amende arbitraire et privation de leurs charges.

Art. 41.

TITRE V.

Du réarpentage et du récolement.

ART. 1er. Il sera procédé au récolement des ventes, dans les trois mois qui suivront l'expiration du délai accordé pour leur vidange par les agens forestiers locaux, assistés, si l'adjudicataire le requiert, d'un autre agent que ceux qui ont procédé au martelage de la coupe.

L'adjudicataire ne pourra se prévaloir pour sa décharge, du défaut de récolement dans les trois mois, s'il n'a constitué légalement les agens forestiers en retard.

L'art. 1er. du titre XVI de l'ordonnance veut que les récolemens soient faits dans les six semaines.

L'art. 19 du titre VI de la loi du 29 septembre 1791, veut qu'ils soient faits par un autre inspecteur que celui qui a assisté l'inspecteur local, lors du balivage et martelage.

On a modifié ici cette disposition.

L'adjudicataire doit avoir, pour prévenir des erreurs possibles, les mêmes moyens qu'on a pour constater ses délits.

2. Il sera signifié, quinze jours auparavant, à l'adjudicataire, un acte contenant l'indication des jours où le réarpentage et le récolement doivent avoir lieu; dans les cinq jours qui suivront, il sera tenu de déclarer s'il entend que les agens locaux soient assistés d'un autre agent que ceux qui ont concouru aux balivage et martelage.

Disposition nouvelle.

Si cette déclaration n'est pas faite dans le délai prescrit, ceux-ci procéderont seuls au récolement avec le garde du triage.

3. Dans le cas où l'adjudicataire légalement averti ne comparaîtrait pas en personne ou par un fondé de pouvoir, il sera passé outre au récolement, à moins que les agens ne jugent que les motifs de son absence sont légitimes, auquel cas il en sera dressé procès verbal,

Disposition nouvelle.

avec indication du jour auquel l'opération sera remise; ce délai n'excèdera pas la quinzaine.

4. Les agens forestiers vérifieront *par le comptage* si les pieds corniers, parois, lisières, baliveaux des différentes classes, se trouvent en mêmes nombre essences et qualité qu'ils sont portés au procès verbal de balivage et martelage; dans les coupes exploitées en jardinant ils reconnaîtront la marque apposée sur les souches des arbres vendus, et s'il n'en a pas été coupé d'autres, s'il n'a point été commis de délits dans la distance de l'ouïe de la cognée, si l'adjudicataire n'a pas dépassé les limites de sa vente, et s'il a satisfait d'ailleurs à toutes les charges qui lui sont imposées.

Le comptage étant le mode le plus sûr, on a dû le prescrire ici. Dans plusieurs arrondissemens on est encore dans l'usage de ne faire les récolemens que par une simple inspection et par apperçu.

5. S'il y a eu un souchetage fait avant l'exploitation, le procès verbal en sera produit, pour que les deux opérations soient confrontées et le résultat consigné au procès-verbal de récolement.

6. Avant ou pendant le récolement, il sera procédé au réarpentage de la vente par un arpenteur forestier autre que celui qui en a fait le mesurage, en présence de ce dernier et de l'adjudicataire légalement averti, qui aura la faculté d'appeler à cette opération un arpenteur de son choix.

7. Le procès verbal de récolement sera signé des agens forestiers de l'adjudicataire ou de son fondé de pouvoirs. S'il ne sait ou ne veut signer, il en sera fait mention.

8. L'administration pourra, dans les

deux mois de la date des procès-verbaux de récolement, faire procéder par un agent supérieur à leur vérification, d'après laquelle les adjudicataires seront poursuivis, s'il y a lieu.

9. Lorsqu'un procès verbal de récolement aura été annulé pour vices de forme, les agens forestiers procéderont à un nouveau récolement dans le délai de six semaines, quand même il se serait écoulé plus de trois mois depuis le jour où le premier aurait été fait, si les poursuites en ont été commencées en temps utile.

10. Le récolement qui aura été fait avec les formalités prescrites, sera définitif; et les tribunaux ne pourront sous aucun prétexte en ordonner un nouveau.

11. L'adjudicataire qui aura négligé de faire couper le taillis à fleur de terre, où cela sera prescrit; de recéper les broutilles; de ravaler les vieux étocs; d'arracher la bruyère et autres plantes nuisibles où le cahier des charges l'a ordonné, sera condamné, même avant le récolement, en 50 fr. d'amende par chaque hectare mal exploité ou nettoyé, sans préjudice à une indemnité suivant l'estimation qui en sera faite par les agens forestiers d'après le dommage résultant de la mauvaise exploitation.

L'expérience a prouvé que la méthode de couper le taillis à fleur de terre n'était pas bonne partout, quoique l'art. 42 du titre XV de l'ordonnance la prescrive indistinctement.

12. L'adjudicataire qui n'aura pas exécuté les travaux et améliorations mis à sa charge, réparé les chemins, ponts, bornes, barrières et signaux qu'il aura détruits ou endommagés, démoli les loges et ateliers, et repeuplé de jeunes plants

Dispositions nouvelles.

ou par un semis les places qu'ils occupaient, ainsi que celles des fauldes et fourneaux à charbon, sera condamné à une amende égale au cinquième du prix desdits ouvrages et améliorations, qui seront de suite exécutés à la diligence des agens forestiers et payés par l'adjudicataire sur simples mémoires des ouvriers taxés par le conservateur.

L'art. 22 du titre XXVII de l'ordonnance prescrit le repeuplement des places à charbon, quand il sera ordonné par le grand-maître, *à peine d'amende arbitraire*. Le cahier des charges des ventes en fait toujours une obligation.

Il faut donner aux agens forestiers un moyen de contraindre l'adjudicataire à remplir ses obligations, avant de les en charger eux-mêmes.

13. L'adjudicataire qui aura outre-passé les limites de sa vente, sera condamné au quadruple du prix de son adjudication, pour l'étendue de l'excédant qu'il aura coupé.

Si les bois sont de meilleures essence et qualité et plus âgés, l'adjudicataire, outre le quadruple, paiera le prix que le bois coupé en délit vaudra de plus que celui de la vente, suivant l'estimation qui en sera faite par les agens forestiers.

Disposition nouvelle. Dans ce cas, l'art. 9 du titre XVI de l'ordonnance veut que le marchand en paie l'amende et la restitution au pied le tour.

Si l'outre-passe était considérable, il faudrait en compter et mesurer toutes les souches, opération trop compliquée et trop minutieuse pour qu'on puisse compter sur son exactitude. L'estimation du dommage en masse nous a paru préférable.

14. Le congé de cour ou la décharge d'exploitation sera délivré à l'adjudicataire sur sa demande, par le préfet du département, d'après l'avis du conservateur.

15. Le recours contre l'adjudicataire pour les sur-mesures qui seraient constatées dans sa vente, sera exercé au plus tard dans les deux années qui suivront la délivrance de sa décharge d'exploitation. Tout droit de réclamation pour les moins de mesure sera éteint et prescrit dans le même délai.

Disposition nouvelle. Il faut fixer un terme aux actions réciproques que le gouvernement et les adjudicataires ont à exercer.

TITRE VI.

Des ventes de chablis et menus marchés.

Art. 1.er Lorsqu'il y aura des arbres abattus par les vents ou par quelqu'autre accident, les gardes dresseront procès verbal de leur nombre, essence et grosseur, et l'adresseront dans les dix jours, à peine de 20 fr. d'amende, au garde général qui en fera la reconnaissance et les marquera de son marteau.

L'art. 1 du tit. XVII de l'ordonn. prononce 50 fr. d'amende contre le garde qui n'aura pas remis son procès-verbal au greffe dans les trois jours.

Le délai nous a paru trop court et l'amende trop forte.

2. La vente des chablis et bois de délit se fera à la diligence des agens forestiers, après avoir été publiée dix jours auparavant, pardevant les Préfets ou Sous-Préfets, ou pardevant les Maires de la situation des bois qu'ils auront délégués à cet effet.

3. Les arbres sur pied, quoique viciés, endommagés ou dépérissans, ne pourront, à moins que le Gouvernement ne l'ait ordonné, être compris dans les ventes de chablis, à peine de nullité des adjudications, et d'une amende de 50 à 300 f. contre les agens forestiers qui les auraient ordonnées.

Le gouvernement autorise l'exploitation par nettoiement des arbres qui ne sont que viciés ou dépérissans, dans les forêts de bois résineux.

4. Dans les bois indivis, les chablis et bois de délit seront toujours vendus, et le prix en sera partagé entre les co-propriétaires, en raison de leur droit respectif.

TITRE VII.

Des adjudications de la glandée et paisson.

Art. 1.er Lorsqu'il y aura abondance de gland et de faîne, les agens forestiers reconnaîtront les cantons où l'on peut adjuger la glandée, et dresseront procès verbal du nombre de porcs que les adjudicataires et les usagers, s'il y en a, pourront mettre en panage.

Art. 1 du titre XVIII de l'ordonnance.

2. L'adjudication de la glandée se fera avant le 15 septembre pardevant les mêmes autorités et dans la même forme que celle des chablis, et à charge par l'adjudicataire de laisser paître dans la forêt la quantité de porcs qui aura été réglée pour les usagers.

Art. 2.

3. Le temps de l'ouverture et de la durée de la glandée sera réglé sur l'abondance du gland et de la faîne, et l'époque de leur maturité; néanmoins la clôture s'en fera au plus tard au 1er. février.

Disposition nouvelle.

4. Les adjudicataires de la glandée, ni les usagers ne pourront envoyer dans les forêts un plus grand nombre de porcs qu'il n'est porté dans l'adjudication, et les procès verbaux des agens forestiers, à peine de 2 fr. d'amende par chaque bête, et de confiscation de celles qui excéderaient ce nombre; si les porcs étaient trouvés dans d'autres cantons que ceux qui sont désignés pour le panage, il y aura lieu aux peines prononcées par les articles 4 et 20 du titre III.

5. Les adjudicataires de la glandée et les usagers sont responsables des délits commis par les pâtres et gardiens de leur bétail, et seront condamnés solidairement avec eux.

6. Il est défendu à tous autres qu'aux adjudicataires et aux usagers, d'envoyer leurs porcs en panage, sous les peines portées par les dispositions du titre III.

L'art. 4 du titre XVIII prononce 100 fr. d'amende indistinctement et la confiscation.

7. Les communes, propriétaires de bois, ne pourront y envoyer leurs porcs en panage, qu'après une reconnaissance faite par les agens forestiers des cantons à délivrer, et du nombre de porcs qui pourront y être introduits, à peine d'être condamnées à l'amende prescrite par l'art. 4 du titre III.

S'il y a lieu d'adjuger la glandée dans les bois des communes, l'adjudication ne pourra s'en faire qu'en vertu d'une autorisation du Préfet, accordée sur l'avis du conservateur.

TITRE VIII.

Des droits d'usage.

ART. 1er. Les droits d'usage consistant en pâturage, chauffage, ou bois de bâtimens, dont jouissent les communes ou les particuliers, sont toujours réductibles suivant l'état et la possibilité des forêts.

2. L'administration des forêts fera procéder au recensement de tous les droits d'usage et d'affectations, dont les forêts de l'État sont grevées, et fera con-

naître leur nature, les titres qui les ont accordés, les redevances imposées aux usagers et affouagers, avec des observations sur la possibilité de maintenir ces droits, ou sur la nécessité de les restreindre ou de les supprimer.

3. Le Gouvernement pourra affranchir les bois de l'État des droits qui consistent en chauffage et en bois de bâtimens, au moyen d'un cantonnement qui sera réglé par une expertise judiciaire.

Les communes et établissemens publics, et les particuliers propriétaires de bois, jouiront de la même faculté.

4. L'action en cantonnement pourra être exercée par les usagers, à moins qu'il ne soit constaté qu'il serait plus préjudiciable au propriétaire que le maintien des droits d'usage.

Modification à la loi du 28 août 1792, qui accorde à l'usager l'action en cantonnement, sans condition.

5. Les usagers qui n'ont pas fait vérifier et reconnaître leurs droits, conformément à la loi du 28 ventôse an 11, en sont déchus. Néanmoins, le Gouvernement peut les relever de la déchéance, s'il est prouvé qu'ils n'ont pu se pourvoir en temps utile.

6. Le droit de pâturage ne pourra être converti en cantonnement que du consentement du propriétaire.

7. Les usagers ne pourront exercer les droits de pâturage et de panage que conformément aux dispositions des titres III et VII.

8. Les usagers ne pourront envoyer au pâturage et panage que les bestiaux à leur usage, et non ceux dont ils font commerce, à peine de confiscation de

L'art. 10 du titre XIX prononce la privation du droit, en cas de récidive.

ceux qui y seraient conduits en fraude, et de 50 fr. d'amende; et en cas de récidive, de suspension du droit pendant un an.

9. Les usagers ne peuvent prendre le bois auquel ils ont droit, qu'après la délivrance qui leur en sera faite par les agens forestiers, à peine d'être punis comme délinquans.

10. Les bois de construction ne seront accordés que sur des devis faits par des experts nommés par les Préfets et délivrés sur des états arrêtés par l'administration des forêts.

11. Il est défendu aux usagers de vendre ou échanger le bois qui leur a été délivré, ni d'en faire un autre emploi que celui pour lequel ils l'ont obtenu, à peine, s'il s'agit de bois de chauffage, d'une amende de 50 à 500 fr., et s'il s'agit de bois de construction ou de charronnage, d'une amende au décimètre de tour.

Disposition tirée de plusieurs lois anciennes dont un arrêt de cassation du 13 octobre 1809 a fait l'application.

En cas de récidive, l'amende sera double, et le contrevenant sera privé pendant un an de son droit d'usage.

12. Les usagers sont tenus de justifier dans l'année, aux agens forestiers, de l'emploi des bois de construction, à peine de 100 fr. d'amende et de confiscation des bois qui n'auraient pas été mis en œuvre dans ce délai.

Disposition tirée de l'article 7 du tit. de l'ordonnance de Lorraine de 1707.

TITRE IX.

Des bois tenus à titre d'usufruit, concession, engagement, et à tout autre titre révocable.

ART. 1er. Les délits commis dans les bois qui font partie de la dotation de la couronne, et dans ceux possédés à titre d'apanage par les princes du sang, seront poursuivis et punis de la même manière que ceux qui sont commis dans les bois du domaine.

2. Les bois dépendans du domaine, qui sont tenus à titre de concession, usufruit, engagement, et à tout autre titre révocable, sont sous le même régime que les autres bois de l'État, sous les seules restrictions ci-après.

3. Les détenteurs sont tenus de se conformer à l'ordre des aménagemens existans dans lesdits bois; ils ne peuvent y vendre, couper, ni exploiter, qu'en suite des assiette, balivage et délivrance des agens forestiers et dans les formes prescrites pour l'adjudication des autres bois du domaine, à peine d'amende de 500 à 3000 fr. et de confiscation des coupes.

L'article 7 du titre XXII prescrit les mêmes conditions et réserves qui doivent s'observer dans les autres bois du domaine, et veut que les ventes soient faites par les officiers des eaux et forêts, à peine de 3000 fr. d'amende et de confiscation.

4. Ils ne peuvent disposer d'aucune futaie, arbres anciens, modernes ou baliveaux sur taillis, ni des chablis et arbres de délit, sous les peines prescrites par les dispositions du titre II.

Art. 5 du même titre.

Ils seront vendus au profit du trésor,

dans les formes établies pour les autres bois de l'état.

5. Ils ne pourront, sous les mêmes peines, disposer d'aucun desdits arbres pour réparations et entretien de leurs maisons et bâtimens, sans une autorisation expresse du Gouvernement.

Art. 6.

6. Les indemnités et restitutions appartiendront aux possesseurs pour les délits commis dans le taillis des bois dont ils jouissent; mais les confiscations qui en proviendront, ainsi que les restitutions pour délits faits sur la futaie seront au profit du trésor de l'état.

Il y a ici une dérogation à l'article 5 du titre XXII, qui attribue dans tous les cas les restitutions au Trésor.

7. Les possesseurs auront la nomination des gardes, à la charge de les choisir parmi les personnes ayant les qualités requises; mais leur choix devra être approuvé par l'administration, et ils ne pourront les destituer sans son consentement spécial.

Art. 2 du titre X de la loi du 29 septembre 1791.

8. L'administration règlera, au besoin, le nombre de gardes nécessaires à la conservation desdits bois, et le traitement qui doit leur être fourni par les possesseurs.

Art. 3 de la même loi.

9. A défaut par eux de choisir des sujets capables de remplir les places de gardes, dans la quinzaine où elles seraient vacantes, la nomination en sera déférée à l'administration.

Art. 4.

TITRE X.

Des bois indivis.

Art. 1.er Les bois indivis avec l'Etat sont régis par l'administration des forêts comme ceux qui appartiennent purement au domaine. — Titre XI de la même loi.

2. Ils sont vendus à la diligence des agens forestiers ensuite des opérations d'assiette, balivage et martelage, et dans les mêmes formes que les bois de l'Etat, le tout à peine de nullité des ventes et d'une amende égale à leur valeur.

3. Les mêmes réserves sont prescrites dans les bois indivis que dans les bois du domaine. — Art. 13 du titre XXIII de l'ordonnance.

4. Le droit de paisson et de glandée appartient au domaine seul dans les bois indivis, à moins qu'il n'y ait titre contraire. — Art. 1, titre XXIII.

5. Les amendes et confiscations adjugées pour délits commis dans ces bois, appartiennent également au domaine; quant aux restitutions et dommages-intérêts, chacun des propriétaires y aura la même part que dans le prix principal des ventes. — Art. 12.

Le décime pour franc, sur la totalité de ce prix, sera perçu au profit du trésor.

TITRE XI.

Des bois des communes et des établissemens publics.

ART. 1er. Les bois appartenant aux communes, hospices et autres établissemens publics, sont soumis au même régime administratif et judiciaire que les forêts du domaine. L'administration et la surveillance en sont confiées aux mêmes agens et gardes.

Loi du 29 septembre 1791.

L'administration des forêts est également chargée de la conservation des arbres épars sur les terrains des communes et établissemens publics.

Arrêté du Gouvernement du 8 thermidor an IV.

2. Les communes et établissemens publics sont tenus de pourvoir à la conservation de leurs bois, d'entretenir à cet effet le nombre de gardes jugés nécessaires par l'administration, et d'en acquitter le traitement tel qu'il sera réglé par le préfet sur l'avis du conservateur.

Articles 1 et 2 du titre XII de la loi du 29 septembre 1791.

3. Les gardes seront choisis par le conseil municipal parmi les personnes ayant les qualités requises pour être gardes des bois de l'Etat; mais le choix en sera approuvé par le conservateur, qui leur délivrera une commission, laquelle sera visée par l'administration.

Art. 3 de la même loi.

4. La nomination des gardes appartient également aux administrateurs légaux des hospices et établissemens publics et sera soumise aux mêmes formalités.

5. A défaut par les communes de faire

L'article 4 de la même loi veut que le

la nomination de leurs gardes dans le mois de la vacance des places, cette nomination est déférée à l'administration des forêts.

choix ait lieu dans la quinzaine ; mais les conseils municipaux auxquels il appartient, ne pouvant s'assembler qu'en vertu d'une autorisation du préfet, on a cru devoir doubler le délai fixé par la loi du 29 septembre 1791.

6. Les gardes des bois communaux et des établissemens publics sont assimilés en tout aux gardes des bois royaux; ils peuvent constater les délits dans tous les bois soumis à l'administration publique, ainsi que dans ceux des particuliers, lorsqu'ils en sont requis par le propriétaire.

7. La nomination des gardes de bois des communes et des établissemens publics, appartient à l'administration, toutes les fois qu'un bois domanial fait partie de leur triage.

Loi du 9 floréal an XI.

8. Ces gardes ne peuvent être ni destitués, ni suspendus par les communes et établissemens publics.

9. La futaie dépérissante sur les coupes ordinaires, sera vendue annuellement, et le prix qui en proviendra affecté spécialement au paiement des frais de garde.

Dans les coupes où il n'y a point de futaie, et dans celles où elle serait insuffisante, il y sera suppléé par la vente d'une portion du taillis.

Art. 5 de la loi du 11 frimaire an VII.

10. L'administration des forêts proposera au Gouvernement les moyens de faire un fonds, pour assurer une pension de retraite aux gardes de bois communaux qui y auront droit à raison de leurs services.

Disposition nouvelle.
Nous avons proposé ces moyens à l'administration dans un mémoire particulier.

11. Les communes ne peuvent vendre leurs coupes ordinaires qu'en vertu d'une

autorisasion du préfet donnée sur l'avis du conservateur, à peine de nullité de la vente, et d'une amende de cent francs contre le maire.

12. Aucune coupe, aucune vente extraordinaire ne peuvent avoir lieu dans les bois des communes, qu'en vertu d'une autorisation du Gouvernement, à peine de confiscation des coupes faites illégalement, de nullité des ventes, et d'une amende de 200 à 1000 fr. contre les maires des communes.

13. Tout particulier qui vendra du bois provenant de sa portion affouagère, et celui qui l'aura acheté, seront condamnés chacun en une amende de 50 à 200 fr.

Arrêt du Conseil, du 3 mars 1693.

Ordonnances de Lorraine.

14. Il est défendu aux habitans de convertir ce bois en charbon dans la forêt, à peine de confiscation et de 50 fr. d'amende.

Cette faculté pourra être accordée par les agens forestiers, aux maréchaux, cloutiers, serruriers, sur les places vagues qui leur seront désignées dans la coupe.

Cette disposition est tirée des ordonnances de Lorraine.

15. Les communes propriétaires, et celles qui sont usagères dans les bois de l'État, ne peuvent partager sur pied leurs coupes affouagères, et les lots n'en seront distribués qu'après l'exploitation de la coupe, qui sera faite par des bûcherons choisis et capables de répondre des délits, à peine d'une amende de 100 fr. contre les communes et les usagers, et à peine contre les particuliers qui s'immisceraient dans l'exploitation, d'être punis comme délinquans.

Art. 11 du titre XXV de l'ordonnance. « Les coupes seront faites.......par gens entendus choisis aux frais de la communauté, et capables de répondre de la mauvaise exploitation. »

Cette disposition sage est trop souvent éludée. On partage les coupes sur pied entre les habitans, et chacun exploite sa portion. Il en résulte deux inconvéniens graves, une inégalité inévitable dans le partage et une mauvaise exploitation.

La dernière disposition de cet article est seule capable d'en assurer l'exécution.

16. Les entrepreneurs de l'exploitation des bois communaux sont soumis aux mêmes obligations que les adjudicataires, sous la responsabilité des communes.

Disposition conforme à plusieurs arrêts de la cour de cassation.

17. Les maires, adjoints, et les receveurs des communes ne peuvent directement ni indirectement prendre part aux ventes des bois de leurs communes, sous les peines portées par l'article 9 du titre IV.

18. L'adjudication de l'exploitation des coupes des communes propriétaires et usagères sera faite au rabais par les conseils municipaux, avant le 1er. septembre, et soumise à l'approbation des préfets.

Dispositions nouvelles.

Les maires, adjoints et les receveurs ne pourront se rendre adjudicataires.

19. Les arbres qui seront délivrés aux habitans, pour constructions ou réparations, seront estimés par les agens forestiers, et le prix en sera payé à la commune. L'emploi de ces arbres sera justifié dans l'année, sous les peines portées par l'art. 11 du titre VIII.

Idem.

20. Les pâtres et gardiens des troupeaux seront nommés par le conseil municipal des communes propriétaires, ou usagères, qui seront responsables, sauf leur recours contre eux, des amendes et condamnations pécuniaires qu'ils auront encourues.

21. Il ne pourra être imposé aux habitans, sur leur portion affouagère, d'autres frais que ceux qui sont relatifs à la propriété et jouissance des bois de la commune, tels que ceux d'arpentage,

d'exploitation, de vacations dues au trésor, et de la contribution foncière, enfin, des frais de garde, quand il n'aura pu y être pourvu conformément aux dispositions de l'art. 9.

TITRE XII.

Des bois des particuliers.

ART. 1er. Les particuliers règleront, autant qu'il sera possible, la coupe de leurs bois sur l'âge commun des aménagemens dans les forêts royales et communales des départemens où ils sont situés. Cet âge ne pourra être au-dessous de dix ans pour les taillis, à peine de 100 francs d'amende par hectare de bois coupé plus jeune.

L'art. 1.er titre XXVI de l'ordonnance veut que les taillis soient aménagés à 10 ans au moins et la futaie à 120 ans.

Sont exceptés de cette disposition, les cantons dont le récépage aura été reconnu nécessaire, et ceux qu'on est dans l'usage de convertir en cerceaux.

2. Les propriétaires sont tenus de réserver, lors de l'exploitation de leurs bois, quarante baliveaux de l'âge du taillis, des meilleures essences, par chaque hectare, et vingt arbres par hectare de futaie, à peine de 2 fr. d'amende par chaque brin de l'âge, et de 10 fr. par chaque arbre de futaie qu'ils auront réservé de moins.

Art. 1 du même titre.
Art. 8 de l'ordonnance royale du 21 août 1816.

3. Les particuliers ne peuvent défricher leurs bois qu'en vertu d'une autorisation du Gouvernement, à peine d'être condamnés à une amende égale à la moitié de la valeur du bois défriché, suivant

L'amende du 50e au moins et du 20e au plus de la valeur du bois arraché, prescrite par la loi du 9 floréal an XI est une peine trop faible pour empêcher les défrichemens.

l'estimation qui en sera faite par les agens forestiers, et à remettre une égale étendue de terrain en nature de bois.

4. Faute par le propriétaire d'effectuer la plantation ou le semis dans le délai fixé par le jugement, il y sera pourvu par l'administration des forêts, et les frais de repeuplement seront acquittés par eux sur un exécutoire délivré par le préfet, après l'avis du conservateur.

Art. 4 de la loi du 9 floréal.

Disposition ajoutée à cet article.

5. Sont exceptés des dispositions ci-dessus, les bois non clos d'une étendue moindre de deux hectares, lorsqu'ils ne seront pas situés sur le sommet ou la pente d'une montagne, ou qu'ils n'auront pas été distraits d'une plus grande contenance de bois.

Addition à l'article 5.

Sont exceptés également les parcs clos de murs ou de fossés, attenant à l'habitation principale.

6. Les semis et plantations que les particuliers auront faits volontairement, ne seront soumis qu'après vingt ans à la prohibition du défrichement.

Art. 6 modifié.

7. Dans le cas où l'abus du droit de pâturage dans les bois des particuliers, y aurait causé un dommage qui tendrait à leur destruction, ils seront condamnés à une amende égale à la moitié de la valeur du dommage, d'après l'estimation des agens forestiers, et en outre, à faire recéper ou repeupler les bois abroutis.

Fixer l'âge auquel les bois des particuliers peuvent être livrés au parcours, au-dessous de celui qui est admis dans la règle générale, ce serait légaliser un moyen de destruction. Il nous a paru préférable d'adopter le principe reconnu par l'avis du Conseil d'État du 19 brumaire an XIV, c'est qu'on ne doit réprimer que le grand abus que les propriétaires feraient du droit de pâturage.

8. Les droits de pâturage ou de parcours, qui appartiennent à des usagers dans les bois de particuliers, ne peuvent être exercés que dans les cantons recon-

Décret du 17 nivose an XIII.

nus défensables par l'administration des forêts, et conformément aux règles prescrites pour les usagers dans les bois royaux.

9. La défense d'introduire des chèvres et brebis dans les forêts, est de droit commun, et les peines sont applicables à quiconque y contreviendrait.

10. Les particuliers ne pourront couper dans leurs bois aucun chêne ni orme de 15 décimètres de tour et au-dessus, que six mois après la déclaration qu'ils en auront faite au conservateur des forêts, à peine de 45 francs d'amende par chaque mètre de circonférence qu'auront les arbres coupés, et du double en cas de récidive.

Décret du 15 avril 1811.

11. En cas d'accidens qui exigent de promptes réparations à leurs maisons et bâtimens, les particuliers pourront disposer des arbres de cette dimension qui leur sont nécessaires, après avoir justifié l'urgence au conservateur des forêts.

12. Les particuliers sont tenus, relativement aux bois propres au service de la marine et de l'artillerie, de se conformer aux dispositions du décret du 11 avril 1811, et des ordonnances royales postérieures, sous les peines y portées.

13. Les propriétaires ou usufruitiers qui veulent exploiter des bois attenant aux forêts royales, communales ou d'établissemens publics, sont tenus de faire trois mois auparavant, au conservateur de l'arrondissement, la déclaration de la contenance des coupes qu'ils doivent

L'art. 4 du titre XXVI de l'ordonnance prescrit cette obligation dans le voisinage des bois royaux, à peine d'amende arbitraire et de confiscation.

faire, et de leur situation, à peine d'une amende de 100 à 500 fr.

14. Les gardes des bois des particuliers seront nommés par les propriétaires et agréés par le conservateur; en cas de refus de sa part, les motifs en seront soumis à la décision du préfet.

Les gardes prêteront serment devant le tribunal de première instance.

15. Les procès verbaux dressés par lesdits gardes pour constater des délits, ne font foi que jusqu'à preuve contraire.

16. Il est défendu aux propriétaires de transiger sur les délits commis dans leurs bois, à peine d'être condamnés aux amendes encourues par les délinquans.

L'art. 5 du titre XXVI dit seulement : « Sera libre à nos sujets de faire punir les délinquans en leurs bois des mêmes peines ordonnées pour nos eaux et forêts. »

Il résulte de cette simple faculté des transactions qui privent les bois des particuliers d'un puissant moyen de conservation.

17. Pour les indemnités et restitutions, les particuliers ont le droit de s'en tenir à celles qui sont réglées par la présente loi, ou de demander qu'il soit nommé des experts par les juges pour faire l'estimation du dommage.

Disposition nouvelle.

Ce droit ne pouvait être refusé au propriétaire.

18. Les agens forestiers ont le droit de constater par des visites et procès verbaux les contraventions faites au présent règlement dans les bois des particuliers comme dans ceux qui sont possédés à titre révocable. Il leur est enjoint d'y procéder toutes les fois qu'il y aura lieu.

L'art. 2 n'enjoint pas, mais permet aux agens de faire ces visites et reconnaissances.

19. Les particuliers qui voudront faire des semis ou plantations de bois, pourront obtenir du gouvernement des graines et du plant, suivant l'état et la possibilité des forêts environnantes, en payant

Disposition nouvelle, propre à encourager à faire des plantations de bois.

seulement les frais d'extraction et de transport, et à charge d'en justifier l'emploi, sous les peines de droit.

Cette faculté ne sera point accordée pour le repeuplement des bois défrichés en contravention à la loi.

20. L'exemption de la contribution foncière accordée pendant un certain nombre d'années pour les plantations de bois nouvellement faites par les particuliers, ne sera pas non plus applicable à celles qui ont été exécutées en remplacement des bois défrichés.

21. Pour encourager les particuliers à prolonger la révolution des coupes dans leurs bois, le gouvernement pourra fixer une diminution progressive sur la contribution foncière, en faveur de ceux qui auront reculé l'époque de ces coupes.

Disposition nouvelle.

22. La défense de planter des bois à 100 perches de distance des forêts, prononcée par l'article 6 du titre XXVII de l'ordonnance, est rapportée; mais les particuliers qui voudront en planter, sont tenus d'en donner avis au conservateur, à peine de 100 fr. d'amende et de séparer leur propriété de celle du domaine ou des communes par des fossés de 15 décimètres de largeur et 1 mètre de profondeur faits sur leur terrain.

TITRE XIII.

Dispositions générales sur la police et conservation des forêts.

Art. 1er. Il est défendu de construire, sans l'autorisation du Gouvernement, aucune habitation, dans l'enceinte et à une distance moindre d'un kilomètre des bois de l'État, et de ceux des communes, d'une contenance de 50 hectares et au-dessus, à peine de démolition.

La démolition des maisons, actuellement existantes, ne sera ordonnée que dans le cas où le propriétaire aurait abusé du voisinage pour commettre des délits forestiers.

L'art. 18 du titre XXVII fait une défense absolue de bâtir à une demi-lieue des forêts royales, sans distinction de contenance.

Cette défense trop générale ne peut s'appliquer partout, surtout dans les pays de montagnes; le gouvernement doit avoir le droit d'y déroger en connaissance de cause. Il nous a paru juste et utile de lui laisser la faculté d'admettre des exceptions sur un grand nombre de prohibitions qui sont absolues dans l'ordonnance.

Avis du Conseil d'Etat du 22 brumaire an XIV.

2. Toutes maisons bâties sur perches, toutes baraques et loges construites dans l'intérieur, ou dans une distance moindre de deux kilomètres desdites forêts, quelle qu'en soit la contenance, seront démolies dans le délai de deux mois, à la diligence des agens forestiers.

Il est défendu d'en construire d'autres à une moindre distance, à peine de 100 f. d'amende et de démolition.

On a cru devoir doubler la distance prohibée pour des habitations qui ne recèlent souvent que des vagabonds et des gens sans aveu.

Cela est conforme à l'ordonnance, art. 17, titre XXVII.

3. Il est défendu d'établir, sans l'autorisation du Gouvernement, aucune usine à feu, telles que fourneaux, forges, martinets, verreries, faïenceries et autres, ni d'en augmenter les feux, à peine de 2000 fr. d'amende et de démolition.

Loi du 21 avril 1810.

4. Il est défendu de construire aucun moulin à scie ou *scierie*, sans la même

Arrêt du 28 janvier 1750.

L'ordonnance de 1669 ne contient au-

autorisation, à peine de 500 f. d'amende et de démolition.

cune de ces dispositions qui tendent à la conservation des bois résineux.

Sur la proposition de l'administration, le nombre de ces usines sera réduit dans les bois royaux et communaux, d'après l'état et la possibilité des forêts qui servent à leur alimentation.

Disposition nécessaire pour prévenir l'épuisement de ces bois.

5. Les propriétaires ou locataires des scieries existantes seront tenus de justifier, dans le délai qui leur sera fixé, des titres en vertu desquels ils les ont établies, à défaut de quoi le Gouvernement pourra en ordonner la démolition.

Arrêts des 20 mai 1777 et 23 juin 1781.

6. Il est défendu de fabriquer sur les scieries des particuliers, aucun bois provenant des forêts de l'État ou de celles des communes, s'ils n'y sont autorisés par le procès verbal d'adjudication de ces bois, à peine de 500 fr. d'amende et de confiscation.

Cette disposition nouvelle n'est pas moins nécessaire que la suivante pour prévenir les délits.

7. Les possesseurs desdites scieries ne pourront, en conséquence, y recevoir, non plus que sur les chantiers et bâtimens qui en dépendent, ni même faire sortir des forêts aucun arbre, aucune bille ou tronce, sans les avoir fait reconnaître et marquer du marteau du garde le plus voisin, à peine d'une amende de 500 fr., qui sera encourue par le seul fait de l'existence des arbres non marqués, ou des marchandises qui en proviendront et se trouveront sur les chantiers desdites scieries, et en outre, de la confiscation desdits bois et marchandises.

Disposition tirée de l'arrêt du 23 juin 1781.

8. Les fermiers des scieries appartenant au domaine ou aux communes, sont également tenus, sous les mêmes peines,

de faire reconnaître et marquer du marteau du garde du triage, tous les arbres, billes et tronces qu'ils y recevront.

9. Les possesseurs et fermiers des scieries auront un registre coté et parafé par l'inspecteur, sur lequel ils seront tenus d'enregistrer, jour par jour, la quantité d'arbres, billes ou tronces qu'ils recevront, le nom du vendeur et celui de la forêt où ils ont été coupés; ils présenteront ce registre toutes les fois qu'ils en seront requis par les agens forestiers, à peine de 100 fr. d'amende.

10. Les gardes sont également tenus d'enregistrer sur leurs livrets la quantité d'arbres qu'ils auront marqués, à peine de 50 fr. d'amende.

Arrêt du 23 juin 1781.

11. Il est défendu d'établir dans l'intérieur, ou à une distance moindre d'un kilomètre des bois domaniaux et communaux, des fours à chaux, briqueteries et tuileries, sans permission du Gouvernement, à peine de 500 fr. d'amende et de démolition.

Art. 12, titre XXVII.

12. Les tonneliers, cercliers, sabotiers, et autres ouvriers en bois, ne peuvent, sans autorisation du Gouvernement, tenir leurs ateliers à une distance moindre d'un kilomètre desdites forêts, à peine de 100 fr. d'amende et de confiscation des bois et marchandises.

L'art. 13 prescrit la distance d'une demi-lieue.

13. Quiconque aura été autorisé à construire dans l'enceinte des forêts, des chantiers, loges ou ateliers, ne pourra y tenir du bétail, sans une permission expresse de l'administration, à peine de 50 fr. d'amende et de confiscation.

Disposition nouvelle.

14. Les agens et les gardes forestiers pourront, sans l'assistance d'un officier public, faire des visites dans les chantiers, loges, ateliers et bâtimens dont la construction aura été autorisée dans une distance des forêts moindre d'un kilomètre, ainsi que dans toutes les scieries.

Disposition nouvelle.

15. Il est défendu d'enlever, sans autorisation, de la terre, du gazon, du sable ou des pierres, de l'intérieur ou sur les rives des forêts, à peine d'une amende de 50 fr. au moins et de 300 fr. au plus, outre le dédommagement, suivant l'estimation des agens forestiers.

L'art. 12 du titre XXVII défend cet enlèvement, à peine de 500 fr. d'amende et de confiscation des chevaux et harnois.

16. Quiconque enlèvera du plant des forêts sans y être autorisé, sera condamné en une amende de 100 à 500 fr. et pareille somme de restitution, et à un emprisonnement d'un mois au moins et de trois mois au plus.

L'art. 11 défend l'enlèvement du plant, à peine de punition exemplaire et de 500 f. d'amende.

17. Il est défendu, à moins d'y être autorisé par l'administration, d'abattre, ramasser ni enlever dans les forêts, du gland, de la faîne, et autres semences et fruits; d'y couper, arracher et amasser de l'herbe, des feuilles, de la bruyère, à peine de 5 francs d'amende pour une charge d'homme, de 20 fr. pour celle d'une bête de somme, de 40 francs pour celle d'une voiture, et de pareilles sommes de restitution.

L'art. 12 du titre XXXII ne défend que de couper et enlever de l'herbe, du gland et de la faine. L'enlèvement des autres fruits dans les bois y cause beaucoup de dégâts.

L'application de cet article à l'enlèvement des feuilles a été ordonnée par décret du 19 juillet 1810.

Quant à la bruyère, il n'est nuisible d'en couper ou arracher, que parce qu'on ne le fait guère qu'aux dépens des jeunes brins de bois qui s'y cachent.

18 Dans les cas prévus par les trois articles précédens, il y a toujours lieu à la confiscation des animaux, voitures, et de tous instrumens qui auront servi à commettre ou transporter le délit.

19. Il est défendu à ceux qui habitent

les maisons bâties dans les forêts, ou à une distance moindre d'un kilomètre, de faire commerce de bois, ni d'en avoir aucun dépôt, s'ils n'y sont autorisés, à peine de confiscation et de 100 francs d'amende.

20. Les anticipations seront punies d'une amende de 5 fr. par mètre carré, outre le désistement du terrain usurpé, et sans préjudice des peines à prononcer pour le bois qui serait coupé ou endommagé.

La possession se règle d'après les limites de la dernière exploitation, s'il n'existe ni plan ni procès verbaux qui les aient déterminées.

L'art. 5 du titre XXVII prescrit aux officiers de constater dans leurs visites l'état des bornes et limites, et de réprimer les entreprises qu'ils reconnaîtraient; mais il ne contient aucune disposition sur les peines à prononcer, soit qu'elles fussent laissées à l'arbitraire des juges, soit qu'on s'en référât à cet égard au droit commun.

Nous avons pensé que le code des forêts devait contenir toutes les dispositions nécessaires à leur conservation.

21. Quiconque aura déplacé ou supprimé des bornes, ou comblé des fossés de clôture, sera condamné à une amende de 100 à 500 francs, à la réparation du dommage, et à un emprisonnement d'un mois au moins et un an au plus.

Art. 456 du code pénal.

22. Il est défendu de mettre en culture aucun terrain faisant partie des forêts de l'État, des communes ou des établissemens publics, et d'en changer la destination, sans y être autorisé par le Gouvernement, à peine d'amende comme pour anticipation, et d'être condamné en outre, aux frais de repeuplement, et à la restitution des fruits.

Disposition nouvelle.

23. Il est défendu aux agens et gardes forestiers de tenir auberge ou taverne, de faire aucun commerce de bois, d'en avoir aucun dépôt, et d'exercer quelque profession, de posséder aucune usine dans laquelle le bois soit employé, ni

Art. 31 du titre XXVII.

d'y avoir un intérêt, à peine de révocation, et de confiscation du bois qui serait destiné à leur commerce.

24. Il est défendu aux mêmes agens et gardes de faire aucun acte de régie dans les bois des particuliers, ni de les garder, sans y être autorisés par l'administration des forêts; en conséquence ceux qui sont chargés de la gestion ou de la surveillance desdits bois, seront tenus d'opter dans les trois mois, à peine de révocation.

Disposition nouvelle.

Il n'y a pas de fonctions plus incompatibles que celles qui sont de même nature dans deux intérêts differens.

L'administration doit être juge des cas où elles peuvent être cumulées sans inconvénient.

25. Il est défendu de porter et d'allumer du feu dans aucun bois et à 100 mètres de distance, à peine de 50 fr. d'amende et de 8 jours de prison. La peine sera double en cas de récidive.

S'il y a eu incendie causé par suite de cette contravention, l'amende sera de 100 à 500 fr. sans préjudice au dédommagement.

L'art. 32 du titre XXVII prononce punition corporelle et amende arbitraire outre la réparation du dommage.

26. Il est defendu de couper dans les forêts des brins propres à lier les gerbes de la moisson, à peine des amendes et restitutions prononcées par le titre II.

On a cru devoir faire une disposition spéciale contre un abus difficile à déraciner.

27. Quiconque vendra ou exposera sur les marchés du plant d'arbres forestiers, sans être muni d'un certificat du maire de sa commune qui constate de quelle pépinière ce plant a été tiré, sera condamné conformément aux dispositions de l'art. 16 du présent titre.

Disposition nouvelle.

28. Quiconque sera trouvé dans les forêts hors des routes et chemins ordinaires de communication, muni de serpe, cognée ou scie, sera condamné en 5 fr. d'amende et à la confiscation des outils.

L'article 34 prononce l'emprisonnement pour la première fois.

L'amende sera double pour ceux qui y seront trouvés de nuit; et en cas de récidive, il y aura en outre emprisonnement de huit jours à deux mois.

29. Il est defendu d'encombrer les forêts, en y déposant des pierres, sables, bois et autres matériaux, à peine de 3 fr. d'amende par mètre carré de terrain occupé, outre la réparation du dommage.

Disposition nouvelle.

30. Pour un faix de bois enlevé dans les ventes, par autres que les ouvriers qui y sont employés, l'amende sera de 10 fr. outre la restitution. Le délinquant sera en outre condamné à la prison pendant quinze jours au moins et deux mois au plus.

Il y aura lieu à l'application de l'article 388 du code pénal,

Si le délit a été commis de nuit,

S'il l'a été à l'aide de bête de somme ou de voiture.

Persister à classer les vols de bois à dos d'homme faits dans les ventes au nombre des crimes punis par l'art. 388 du code pénal, c'est en quelque sorte en assurer l'impunité. On voit rarement le ministère public provoquer une procédure extraordinaire pour les délits de ce genre.

31. Il est défendu aux arpenteurs d'intervertir, sous aucun prétexte, sans l'autorisation du gouvernement, l'ordre des coupes ordinaires établi par l'aménagement ou par l'usage, à peine de 1000 fr. d'amende.

L'art. 10 du titre III de l'ordonnance prononce 3000 fr. d'amende contre les officiers, et l'art. 4 du titre XV interdiction contre les arpenteurs.

32. Les fossés qui seront ouverts au pourtour des bois du domaine, des communes et établissemens publics, seront pris par moitié de chaque côté de la ligne du fonds sur la forêt et le riverain.

Ces fossés auront 15 décimètres de largeur et un mètre de profondeur.

L'art. 4 du titre XXVII n'exigeait du riverain qu'il fît des fossés que sur les bois qu'il possédait attenant à ceux du domaine.

La décision du ministre des finances du 19 septembre 1811 portait que toutes les fois qu'il y aurait lieu d'en ouvrir, ils seraient pris par moitié sur la forêt et sur le riverain.

Une autre décision, du 18 octobre 1821, statuait que la première n'était applicable qu'aux riverains des bois domaniaux.

Nous pensons que si l'intérêt de la conservation des forêts peut autoriser une dérogation au droit de propriété, cette exception est aussi juste pour les bois des communes et établissemens publics que pour ceux du domaine ; mais ce n'est que par une loi qu'elle peut être consacrée.

33. Tous concessionnaires à terme de terrains à repeupler, tous entrepreneurs de travaux à faire dans les forêts, qui n'auront pas rempli leurs obligations dans les délais prescrits, seront condamnés à une amende égale au cinquième de la valeur desdits travaux, qui seront exécutés à leurs frais à la diligence des agens forestiers.

Disposition nouvelle.

34. Les maires et adjoints des communes sont tenus d'employer le secours des habitans pour éteindre les incendies dans les bois et forêts situés sur leur finage et à proximité, à peine contre ceux qui, le pouvant, auraient négligé de donner des ordres à cet effet, d'être condamnés à une amende de 50 f. au moins, et de 150 fr. au plus.

Tout particulier requis, sera, en cas de refus d'obéir sans excuse valable, condamné à l'amende de 15 fr., et s'il est usager dans la forêt, à la privation de son droit d'usage pendant une année.

Addition à l'art. 475 du code pénal.

TITRE XIV.

De la chasse dans les forêts.

Art. 1.er Le droit de chasse appartient au domaine seul, dans les bois indivis

Article premier, titre 23 de l'ordonn.

comme dans ceux qui sont purement domaniaux.

Dans ceux qui sont possédés à titre révocable, le possesseur ne peut chasser que le lièvre, le lapin et les oiseaux.

Addition aux dispositions du titre XXII.

2. Il est défendu de chasser, sans en avoir la permission, dans les forêts de l'Etat, dans celles des communes et établissemens publics, à peine d'une amende de 50 fr. au moins et de 150 fr. au plus, et de confiscation des armes, sans cependant que les chasseurs puissent être désarmés par les gardes.

L'art. 4, titre XXX, prononce cent francs d'amende et punition corporelle, s'il échet.

La loi du 30 avril 1790, dont on applique aujourd'hui les dispositions, prononce 20 fr. d'amende et 10 fr. d'indemnité envers le propriétaire des fruits.

S'il s'agit de chasse au grand gibier, tel que cerf, daim, chevreuil, l'amende ne pourra être au-dessous de 100 fr.

3. Il est défendu, sous peine de 100 f. d'amende, de tendre des filets, colliers, lacets, et autres piéges propres à prendre et à détruire le gibier.

4. Quiconque sera trouvé porteur desdits instrumens et piéges, dans les forêts et à 50 mètres de distance, sera condamné en 25 fr. d'amende, et lesdits instrumens seront confisqués.

Disposition nouvelle. Rien n'est plus difficile que de prendre les tendeurs de lacets sur le fait. Ce sont eux cependant qui détruisent le plus de gibier.

On ne pourra néanmoins user de contrainte envers les particuliers soupçonnés d'en être porteurs, qu'en présence d'un officier public.

5. Il est défendu d'enlever dans les forêts, des aires, nids et œufs d'oiseaux, à peine de 10 fr. d'amende.

L'art. 8 du tit. XXX de l'ordonnance prononce 100 fr. d'amende pour la première fois, le double pour la deuxième, le fouet et bannissement des forêts pendant 5 ans pour la troisième.

6. L'amende pour les délits prévus dans les articles précédens, sera augmentée de moitié, si les bois sont clos de murs ou de haies vives; elle sera

Art. 2 de la loi du 30 avril 1790.

doublée, si le bois clos tient immédiatement à une habitation.

7. Chacune de ces différentes peines sera doublée en cas de récidive; elle sera triplée pour une troisième contravention, et suivra la même progression pour les contraventions ultérieures; le tout dans le courant de la même année seulement.

Art. 3 de la même loi.

La deuxième récidive, et celles qui seront commises ensuite, seront en outre punies d'un emprisonnement d'un mois au moins et de trois mois au plus.

Addition aux dispositions de cette loi.

8. Quiconque sera trouvé dans les bois et forêts, porteur d'armes à feu, brisées par la crosse ou par le canon, sera condamné en 50 fr. d'amende et à la confiscation des armes, outre les peines prononcées pour le fait de chasse.

Art. 3 du titre xxx de l'ordonnance.
Cette disposition est le plus sûr moyen d'atteindre les braconniers de profession.

En cas de récidive, l'amende sera double.

9. Si les délinquans étaient déguisés ou masqués, ou s'ils n'ont aucun domicile connu, ils seront arrêtés sur le champ, et mis à la disposition du juge de paix ou du maire de la commune, qui les fera emprisonner.

Art. 7 de la loi du 30 avril 1790.

10. Les pères et mères répondront des délits de leurs enfans mineurs non mariés et domiciliés avec eux, sans pouvoir néanmoins être contraints par corps.

Art. 6 de la même loi.

11. Il est permis aux propriétaires ou possesseurs, autres que les simples usagers, de chasser ou faire chasser en tous temps dans leurs bois; mais si lesdits bois ne sont pas clos de murs et attenant à une habitation, ils ne peuvent, sous

Art. 14 modifié.

peine de 30 fr. d'amende, s'y servir de chiens courans, avant que la chasse ait été ouverte par les Préfets.

12. Il est défendu d'entrer ou demeurer de nuit dans l'intérieur ou sur les rives des forêts avec arme à feu, à peine de 50 fr. d'amende et de confiscation des armes.

Art. 4 du titre 30 de l'ordonnance.

13. Les délits de chasse dans les bois des particuliers seront punis des mêmes peines que ceux qui sont commis dans les bois du domaine.

14. Dans les bois de l'Etat, dans ceux des communes et des établissemens publics, ils sont constatés de la même manière et poursuivis dans les mêmes délais que les autres délits forestiers.

L'art. 12 de la loi du 30 avril 1790 déclare les délits de chasse prescrits par le laps d'un mois.

TITRE XV.

De la pêche dans les fleuves et rivières.

Art. 1er. L'administration des forêts est chargée de la police et de la surveillance de la pêche dans les fleuves, rivières et ruisseaux, et dans les lacs et étangs appartenant au domaine. Les délits de pêche sont constatés et poursuivis par ses agens et préposés, de la même manière que les délits forestiers.

2. La pêche est affermée au profit du domaine dans les fleuves et rivières déclarés navigables, ainsi que sur tous les canaux indistinctement qui ont été creusés et ouverts à la navigation aux frais de l'État. L'administration les fera diviser en cantonnemens.

3. Le Gouvernement pourra, sur la proposition des préfets, ordonner que la pêche soit affermée pendant un temps limité, dans quelques rivières non navigables, s'il juge cette mesure nécessaire au repeuplement desdites rivières.

Disposition nouvelle.

Dans ce cas, le produit de la pêche sera versé, au profit des propriétaires riverains, dans la caisse des communes, dont le territoire est traversé par lesdites rivières.

4. Les communes pourront affermer la pêche dans les rivières et ruisseaux non navigables qui traversent leurs propriétés, et dans les étangs, marais et fossés qui leur appartiennent.

Art. 17, titre XXV de l'ordonnance.

L'adjudication se fera dans la forme établie pour la ferme de la pêche dans les rivières navigables.

5. Les particuliers qui réuniront entr'eux les deux tiers des propriétés riveraines dans une commune, auront la faculté de demander que la pêche soit affermée sur les rivières non navigables et les ruisseaux qui les traversent, et le Gouvernement pourra l'ordonner, après avoir pris l'avis des préfets.

Disposition nouvelle.
Il importe de favoriser autant que possible la location de la pêche, parce que c'est le seul moyen de repeupler les grandes comme les petites rivières.

6. Font partie des cantonnemens de pêche, les noues, fossés et canaux qui tirent leurs eaux des rivières navigables, à moins qu'ils n'aient été creusés dans des propriétés particulières ou communales, aux frais des propriétaires.

Cahier des charges de la pêche.

7. La chasse aux oiseaux aquatiques, sur les rivières et canaux, fait partie de la location de la pêche.

Idem.

8. Quiconque pêchera dans les fleuves,

Art. 14 de la loi du 14 floréal an X.

rivières et ruisseaux où la pêche est affermée, s'il n'en est adjudicataire, ou s'il n'est muni d'une licence, sera condamné,

1° En une amende de 50 fr. au moins et de 150 fr. au plus;

2° A la confiscation des filets et engins de pêche;

3° En des dommages-intérêts d'une somme égale à l'amende, envers le fermier, ou envers le Gouvernement, s'il n'y a pas de fermier.

L'amende ne sera que de 10 à 30 fr. contre celui qui pêcherait à la ligne flottante et tenue à la main.

Les anciennes lois permettent l'usage de la ligne flottante; mais cette pêche, étant la plus fréquente, n'est pas celle qui fait le moins de tort au fermier: il n'est donc pas juste de la tolérer à son préjudice.

Les amendes seront doubles en cas de récidive, sans préjudice des peines portées contre ceux qui pêcheraient en temps défendu, ou avec des engins prohibés.

9. Les amendes contre lesdits délinquans seront doubles, 1° si le délit est commis de nuit; 2° s'il a été commis avec des armes à feu; dans ce dernier cas, ils seront en outre condamnés à un emprisonnement de quinze jours au moins et de trois mois au plus.

Disposition nouvelle. Il arrive fréquemment que les braconniers qui pêchent pendant la nuit sont porteurs d'armes à feu pour imposer aux gardes, et il en résulte des catastrophes qu'il importe de prévenir.

10. Les fermiers de la pêche, les porteurs de licence, ainsi que les propriétaires riverains, sont tenus de se conformer aux dispositions suivantes.

11. Il leur est défendu, ainsi qu'à tous autres, à peine de 50 fr. d'amende et de confiscation des filets et engins, de pêcher dans le temps du frai, qui sera fixé dans chaque contrée par les préfets, sur l'avis du conservateur.

L'art. 6 du titre XXXI de l'ordonnance a fixé le tems du frai; mais il est certain qu'il ne peut être le même au nord qu'au midi de la France.

La pêche aux saumons, aloses et

lamproies, est exceptée de la défense faite par l'article précédent.

12. Il est également défendu, sous les mêmes peines, de pêcher, en quelque saison que ce soit, à d'autres heures que depuis le lever jusqu'au coucher du soleil, à moins d'en avoir obtenu la permission, excepté aux arches des ponts, aux moulins et aux gords où se tendent des dideaux, auxquels lieux on peut pêcher tant de nuit que de jour.

Art. 5 du titre XXXI.

13. Quiconque a le droit de pêche, pourra se servir de tous filets et engins, quelle qu'en soit la dénomination, pourvu qu'ils aient les dimensions prescrites;

Dans l'article 10 le nombre des engins prohibés est indéfini. Après une longue nomenclature, il ajoute : *Et tous autres qui pourraient être inventés au dépeuplement des rivières.*

Savoir : le filet à mailles de 27 millimètres (12 lignes) carrées et non en losanges;

Les anciennes ordonnances distinguaient entre les filets d'hiver et ceux d'été, pour la grandeur de la maille.

Les nasses d'osier ou de jonc, et autres engins de même nature, auront les verges également écartées l'une de l'autre de 27 millimètres.

14. L'administration pourra faire des exceptions au présent règlement pour les rivières et ruisseaux où l'on pêche les ablettes, les goujons, éperlans, et autres poissons de petite espèce; mais dans ce cas, elle prescrira les moyens de prévenir l'abus qu'on pourrait faire de ces filets.

On sait que l'écaille des ablettes sert à faire les perles factices.

Ces précautions, telles que je les ai vu pratiquer, sont, par exemple, d'obliger les pêcheurs à déclarer au garde le jour qu'ils doivent se servir des filets à petites mailles, et de les obliger ensuite de les déposer à la mairie.

15. Tous autres engins et instrumens que ceux faits à mailles de ficelle, ou avec des verges d'osier et de jonc, sont également défendus, en tous temps et à toutes personnes, à peine de confiscation et de 50 fr. d'amende.

16. Les fermiers et porteurs de licence

Art. 10.

qui emploieront des filets, engins et nasses qui n'auraient pas les dimensions prescrites, ou tout autre instrument prohibé, seront condamnés en 100 fr. d'amende, et lesdits engins et instrumens seront confisqués.

17. Tous fermiers et autres qui seraient rencontrés emportant ou conduisant des engins et instrumens de pêche prohibés, ou au domicile de qui il en serait trouvé, seront condamnés en 50 fr. d'amende, avec confiscation desdits engins et instrumens.

Art. 25 du titre 31.

18. Les filets et engins seront scellés en plomb, et marqués d'un coin portant les armes du Roi, par l'agent forestier de l'arrondissement, à peine contre les fermiers qui se serviraient de filets non marqués, d'une amende de 20 fr. et de confiscation.

Art. 13.

19. Il est défendu, sous peine d'une amende de 20 à 50 fr. d'amorcer et appâter les hameçons et engins avec des poissons, quelles qu'en soient l'espèce et la longueur, de jeter à l'eau des appâts propres à amorcer et à rassembler le poisson, ni de bouiller ou battre l'eau aves des bouilles ou rabots, tant sous les racines, saules, osiers, terriers et arches, qu'en autres lieux.

Art. 11.

20. Quiconque jetera dans les rivières ou ruisseaux des drogues propres à enivrer ou détruire le poisson, telles que noix vomique, chaux, coque de levant ou sciure de bois, sera condamné à 100 f. d'amende et à huit jours au moins et un mois au plus d'emprisonnement.

Art. 14.

Déclaration donnée en Lorraine le 31 janvier 1724, art. 9, titre V.

21. Il est défendu de faire rouir le chanvre et le lin dans les rivières et ruisseaux dont la pêche est affermée, à peine de 50 fr. d'amende.

Disposition tirée de plusieurs arrêts du Conseil.

22. Il est défendu d'exposer en vente, de débiter, colporter, tenir en réservoir des brochets ayant moins de 21 centimètres (8 pouces) entre l'œil et les nageoires de la queue; des truites, carpes ombres, barbeaux et brèmes ayant moins de 16 centimètres; des tanches, perches et gardons qui aient moins de 13 centimètres, et des écrevisses de moins de 5 centimètres entre la tête et la queue, à peine d'une amende de 20 francs au moins et de 100 fr. au plus.

Art. 12 du titre XXXI de l'ordonnance. On a compris ici des poissons dont il ne fait pas mention.

Si ces détails, que n'ont pas dédaignés les anciennes ordonnances, paraissaient être au-dessous de la majesté de la loi, on pourrait par un article spécial les soumettre aux règlemens de la police.

Art. 3, titre V de la déclaration du 31 janvier 1724.

Les pêcheurs qui en auraient pris de moindre longueur, sont tenus sous les mêmes peines, de les rejeter en rivière.

23. Les agens et gardes forestiers, les commissaires et employés de police pourront en conséquence faire la visite des réservoirs, huches, étuis, paniers et bannetons, sur les marchés et dans les boutiques à poissons; et s'il s'en trouvait qui ne fussent pas de la longueur et de l'échantillon prescrits, ils seront confisqués, et les contrevenans condamnés aux peines portées en l'article précédent.

Art. 24 du titre XXXI de l'ordonnance.

24. Il est défendu à tous mariniers, *flotteurs* et à tous autres qui fréquentent les rivières, d'avoir sur leurs trains, bateaux et équipages, aucun filet ni engin à pêcher, à peine de 100 fr. d'amende et de confiscation.

Déclaration du 31 janvier 1724, art. 7, titre V.

25. Il est défendu de détourner le cours des rivières et ruisseaux qui y portent

immédiatement leurs eaux, ni d'y pratiquer aucune digue ou retenue, anguillère, saignée ou barrage, d'y faire des amas de terre, de pierre ou de fascine, à peine de cent francs d'amende et de démolition desdits ouvrages aux frais des contrevenans.

26. Les gords, barrages et autres établissemens fixes de pêche, construits et à construire, seront affermés, s'il est reconnu qu'ils ne nuisent point à la navigation, et qu'ils ne peuvent produire aucun attérissement dangereux, ni causer de dommage aux propriétaires riverains.

Art. 16 de la loi du 14 floréal an x.

27. Le marche-pied, le long des rivières navigables, aura 8 mètres de largeur du côté où se tirent les bateaux, et 3 mètres à l'autre bord.

Dans les petites rivières et ruisseaux, les pêcheurs pourront seulement aborder la rive et y attacher leurs filets.

28. Les fermiers et porteurs de licence qui ne voudront pas exercer eux-mêmes leur droit de pêche, ne pourront avoir plus de deux associés, qu'ils seront tenus de faire connaître, à peine contre ceux qui pêcheraient sans déclaration, d'être punis comme délinquans.

Disposition tirée de l'art. 8 du titre v de l'ordonnance de Lorraine de 1707.

29. Toutes les dispositions pénales, contenues au présent titre, sont applicables à la pêche des rivières qui ne sont ni navigables ni flottables, et des ruisseaux et canaux appartenant aux communes ou aux particuliers, qu'ils soient ou non affermés.

30. Les fermiers et porteurs de licence peuvent établir à leurs frais des gardes-

pêches, qui seront agréés par le conservateur, et assermentés comme les gardes forestiers.

51. Il est défendu de tirer du sable et d'autres matériaux des rivières dont la pêche est affermée, à peine d'une amende de 25 à 100 fr.

Art. 40 du titre XXVII de l'ordonnance.

52. Les jugemens rendus contre les contrevenans aux lois sur la pêche, ordonneront que les filets et engins confisqués soient brûlés et détruits.

Art. 25 du titre XXXI.

53. Les fermiers de la pêche et porteurs de licence, sont responsables des amendes et indemnités prononcées pour contraventions aux lois sur la pêche contre leurs ouvriers, bateliers et domestiques.

TITRE XVI.

De la responsabilité des fonctionnaires publics et des particuliers.

Art. 1er. Les gardes forestiers sont responsables des délits et du dommage qu'ils auront négligé de constater, et passibles, en conséquence, des amendes et restitutions qu'auraient encourues les délinquans.

2. Les agens sont responsables envers les parties lésées, des erreurs qui pourraient se trouver dans leurs opérations et dans les actes qui les constatent.

3. Ils sont également responsables des ordres ou permissions qu'ils auraient donnés contrairement aux règlemens, décisions du Gouvernement, instruc-

tions de l'administration, et mandemens d'assiettes, et seront, en conséquence, condamnés solidairement avec les délinquans, sans préjudice aux peines encourues pour malversations.

4. L'agent chargé de traduire les prévenus de délits devant les tribunaux, est responsable, à moins de motifs légitimes, des délits qu'il n'aurait pas poursuivis dans les délais prescrits par la loi.

5. Les arpenteurs sont responsables des erreurs qui excéderont le vingtième, dans le mesurage des coupes, et ils seront en outre condamnés à une amende de 50 à 200 fr.

6 Les agens et gardes forestiers ne peuvent, pour des faits relatifs à leurs fonctions, être traduits devant les tribunaux qu'avec l'autorisation du Gouvernement.

7. Tout officier public, tous maires et adjoints des communes, chargés par la loi d'assister les gardes dans leurs visites domiciliaires, de leur prêter main-forte, de rédiger leurs procès verbaux, ou de recevoir leur affirmation, seront, en cas de refus, responsables des délits à raison desquels ils auront été requis de remplir ces fonctions.

8. Les maires et adjoints pourront être, pour les délits qu'ils auraient commandés ou autorisés, traduits devant les tribunaux, en vertu d'un arrêté du préfet, rendu sur l'avis du conservateur.

9. Tout délinquant est responsable des inconnus qui l'accompagnent, pour les

délits qu'ils auront commis ensemble, sauf son recours contre eux.

10. Les délinquans condamnés pour le même délit sont tenus solidairement des amendes, des restitutions et des frais.

11. Quiconque enlève une partie d'un arbre coupé en délit, est censé l'avoir abattu.

12. Quiconque aura été trouvé dans les forêts, ou à proximité, emportant ou conduisant du bois présumé de délit, sera condamné comme délinquant, si, sur l'interpellation qui lui en a été faite, il n'a pas indiqué d'où provenait ledit bois, ou s'il a refusé de procéder à l'apatronage.

Ordonnance de Lorraine de 1707, article 34, titre premier.

13. Tout voiturier qui conduira du bois coupé en délit, sera condamné solidairement avec le délinquant.

14. Les pères, mères, maris, tuteurs, maîtres, adjudicataires, fermiers de la pêche, entrepreneurs de toute espèce, sont responsables des amendes, restitutions, indemnités et frais, prononcés contre leurs enfans, pupilles, mineurs non mariés, leurs femmes, domestiques, ouvriers et autres subordonnés.

Dans l'état actuel de la législation, les personnes responsables ne le sont pas de l'amende, excepté pour les délits de pâturage dans les bois du domaine.

TITRE XVII.

De la poursuite des délits, et de l'exécution des jugemens.

Art. 1er. Les gardes forestiers et gardes-pêche seront âgés de 21 ans

Dérogation à l'art. 5 de la loi du 29 septembre 1791.

Ils dresseront les procès verbaux de délits dans les vingt quatre heures de la

Si l'on veut que les gardes puissent aspirer à un grade supérieur, il est indis-

reconnaissance qu'ils en auront faite, et les affirmeront dans le même délai, à partir de la clôture desdits procès verbaux, conformément à l'art. 2 de la loi du 28 floréal an 10.

pensable qu'ils débutent dans cette carrière avant 25 ans.

Les gardes peuvent constater les délits dans toute l'étendue de l'arrondissement du tribunal près lequel ils sont assermentés.

2. Les procès verbaux seront rédigés par les gardes qui auront reconnu le délit, ou par les fonctionnaires publics ayant caractère pour recevoir leur affirmation, et à leur défaut, par les gardes généraux, gardes à cheval et brigadiers forestiers.

Addition à la loi du 28 floréal an x. Il est nécessaire de faciliter aux gardes les moyens de constater les délits.

Ces procès verbaux seront signés par les gardes rapporteurs, et enregistrés dans le délai de quatre jours, et remis, dans la huitaine qui suivra, au garde général du cantonnement.

3. Les procès verbaux de délits qui seront dressés par les agens forestiers, les gardes généraux et arpenteurs, ne seront pas soumis à l'affirmation.

Le décret du 18 juin 1809 ne fait pas mention des arpenteurs.

4. Les gardes des bois du domaine et des communes peuvent, quand ils en seront requis par les propriétaires, constater les délits commis dans leurs bois. Dans ce cas, leurs procès verbaux feront foi comme ceux qu'ils dressent dans leurs fonctions ordinaires.

Disposition nouvelle.

5. A défaut de procès verbaux, ou dans le cas d'insuffisance de la preuve qui en résulte, les délits pourront être constatés par témoins.

6. Les administrateurs des forêts,

Loi du 22 mars 1806.

l'intendant des domaines de la couronne, les conservateurs et les inspecteurs généraux, pourront dresser des procès verbaux des malversations et des délits qui seraient commis par les agens et préposés qui leur sont subordonnés, et procéder tant contre eux que contre leurs complices, et contre tous autres qui seraient surpris en flagrant délit, conformément aux dispositions de la loi du 22 mars 1806.

Les inspecteurs généraux sont ajoutés ici aux fonctionnaires désignés dans cette loi.

7. Les agens et gardes spécifieront dans leurs procès verbaux, la nature, le lieu, le jour et l'heure du délit; le nombre des délinquans et leurs noms lorsqu'ils les connaîtront; l'essence et la grosseur des bois coupés ou enlevés; les instrumens, voitures et attelages employés; l'espèce et le nombre des bestiaux trouvés en délit, et toutes les circonstances qui peuvent servir de preuve contre les délinquans.

Art. 4 du titre IV de la loi du 29 septembre 1791.

8. Les administrateurs, les agens et les gardes peuvent requérir la force publique toutes les fois qu'elle leur sera nécessaire dans l'exercice de leurs fonctions.

Art. 16 du code d'instruction crimin.

9. Les gardes suivront les bois de délits et autres objets enlevés, dans les lieux où ils auront été transportés, mais ils ne pourront s'introduire dans les maisons, bâtimens, ateliers, cours adjacentes et enclos, que du consentement du propriétaire ou locataire, ou en présence, soit du juge de paix, ou de son suppléant, soit d'un commissaire de police, soit du maire ou de son adjoint, ou d'un membre du conseil municipal.

Art. 5 du titre IV de la loi du 29 septembre 1791, et 16 du code d'instruction criminelle modifiés.

10. Les gardes saisiront et mettront en séquestre les bestiaux trouvés en délit, et les instrumens, voitures et attelages des délinquans. Le procès verbal sera signé du dépositaire, s'il sait écrire, et il en sera donné connaissance au juge de paix dans les 24 heures.

Art. 6 du titre IV de la loi du 29 septembre 1791.

11. Les juges de paix pourront donner main levée provisoire des objets saisis, à charge du paiement des frais de séquestre, et d'une caution bonne et suffisante, de la valeur desdits objets.

Art. 3 du titre IX de la même loi.

12. Si les bestiaux ne sont pas réclamés dans les trois jours du séquestre, le juge de paix en ordonnera la vente à l'enchère au marché le plus voisin. Elle sera faite à la diligence des agens forestiers, après avoir été publiée 24 heures auparavant, et le prix en sera versé à la caisse du receveur du domaine, sous la déduction des frais de séquestre qui seront modérément taxés par ledit juge de paix.

Art. 4 du titre IX de la même loi.

13. Il est défendu à tout dépositaire d'objets séquestrés, de s'en dessaisir sans autorisation du juge de paix, sous peine d'être condamné aux amendes et restitutions qui auraient été encourues par les délinquans.

Disposition nouvelle.

14. Les gardes arrêteront et conduiront devant le juge de paix ou devant le maire, les délinquans qui leur seront inconnus, et se feront donner main-forte à cet effet, s'il est nécessaire.

L'art. 16 du code d'instruction criminelle ordonne d'arrêter tout délinquant pris en flagrant délit ; mais on conçoit que cela n'est praticable pour les délits forestiers que contre les délinquans inconnus.

15. Les employés qui, après avoir constaté un délit, auraient soustrait ou négligé de remettre à tems leur procès

verbal, seront responsables de ce délit, et en outre poursuivis comme prévaricateurs, s'il y a lieu.

16. Les actions en réparation de délits et contraventions constatés par les employés de l'administration des forêts, seront intentées pardevant les tribunaux de police correctionnelle de la situation des bois à la requête de l'administration, par les inspecteurs, sous-inspecteurs, et à leur défaut par les gardes généraux, dans les formes prescrites par le chap. 2 du titre premier du code d'instruction criminelle.

17. Les délits commis dans les bois des particuliers seront poursuivis à leur requête, pardevant les juges de paix ou les tribunaux correctionnels, suivant la compétence réglée par le même code.

Les gardes de ces bois sont tenus en conséquence de remettre leurs procès verbaux, dans la huitaine à compter de l'affirmation, soit au commissaire de police ou au maire du chef-lieu de la justice de paix, soit au procureur du roi, lorsque le délit sera de nature à mériter une peine correctionnelle.

Art. 20 du code d'instruction criminelle.

18. Les citations seront faites par les gardes forestiers dans les délais fixés par l'art. 184 du code d'instruction criminelle. Les procureurs du roi pourront employer le ministère d'un huissier dans les instances poursuivies à leur requête.

Art. 15, tit. x de l'ordonnance de 1669.

19. La citation contiendra la date du procès verbal, l'énoncé des faits, et les conclusions prises contre le prévenu et les personnes civilement responsables

20. Les actions en réparation de délits dans les bois soumis au régime forestier et dans ceux des particuliers, seront intentées dans les trois mois de la reconnaissance qui en aura été faite, lorsque les délinquans seront nommés dans les procès-verbaux ; à défaut de quoi l'action sera éteinte et prescrite. Le délai sera d'un an, si les délinquans n'ont pas été connus.

Dérogation à l'art. 8 de la loi du 6 octobre 1791, quant aux bois des communes et des particuliers.

Les citations régulièrement faites interrompent la prescription.

21. Les procès verbaux des gardes nommés ou agréés par l'administration font preuve suffisante, dans tous les cas où la condamnation ne peut excéder 150 fr. d'amende et de restitution réunies, et 10 jours d'emprisonnement, s'il n'y a pas inscription de faux ou motif valable de récusation.

On ajoute ici 50 fr. au *maximum* de la peine pécuniaire auquel doit s'arrêter la foi due au procès verbal d'un seul agent ou garde. On augmenterait encore cette somme, si l'on considérait que le nombre des gardes étant réduit aujourd'hui au strict nécessaire, il est difficile d'en réunir deux pour la reconnaissance d'un délit ; mais cette considération doit être balancée ici par le danger qu'il y aurait d'accorder trop de confiance au témoignage d'un seul.

Aucune loi n'a statué sur cette question. La prison ne serait-elle considérée que comme une peine accessoire ? Dans nos principes elle ne peut être envisagée ainsi.

22. Si le délit est de nature à emporter une condamnation excédant 150 fr. ou un emprisonnement de plus de dix jours, le procès verbal devra être appuyé d'un 2.e témoignage, à défaut de quoi la condamnation sera réduite à 150 f. et l'emprisonnement à dix jours.

Cette réduction n'étant pas admise dans la législation actuelle, il s'ensuit que les délits les plus graves sont ceux qui restent le plus souvent impunis.

23. Si le procès verbal est annulé pour défaut de forme, le garde qui l'aura dressé pourra être entendu comme témoin, et sa déclaration devant le tribunal équivaudra à un procès verbal en bonne forme.

24. La déclaration du prévenu, qui s'inscrira en faux, sera faite par écrit à la première audience à laquelle il aura été cité, et déposée dans les 24 heures, au greffe du tribunal, avec les noms des témoins qu'il voudra faire entendre, à peine de décheance de l'inscription de faux.

Il importe d'abréger dans ces matières sommaires les délais fixés par le code de procédure civile, ou du chapitre premier du tit. IV du code d'instruction criminelle.

25. Dans la quinzaine après le dépôt fait, le tribunal statuera sur l'admission des moyens de faux, sauf à l'administration à se pourvoir par appel contre le jugement, si les faits n'étaient pas pertinens et de nature à détruire le délit.

26. L'instruction des instances en matière de forêts, de pêche et de chasse, aura lieu suivant les formes prescrites par le chapitre II du code d'instruction criminelle Le prévenu ne pourra être défendu par un avoué, qu'après avoir été entendu en personne, si le ministère public ou l'officier forestier le requiert; dans ce cas, il y aura défaut prononcé, faute de comparution.

Les délinquans, lorsqu'ils sont entendus, nient rarement les faits; ils cherchent seulement à les atténuer ou à les excuser.

Les défenseurs au contraire ne font que des aveux indispensables.

27. L'officier forestier assistera à l'audience, et aura sa place au parquet du procureur du roi. Il exposera l'affaire, prendra des conclusions, et pourra faire toutes les observations propres à les motiver.

Décret du 18 juin 1809.

28. Les actions en réparation des délits et malversations des agens forestiers, seront poursuivies par le conservateur, ou par l'agent qu'il aura délégué.

29. Toutes condamnations pour délits forestiers emportent la contrainte et par corps.

50. Les agens forestiers ont la faculté de se rendre appelans des jugemens rendus; mais ils ne peuvent se désister de l'appel sans autorisation.

Comme le délai pour interjeter appel n'est que de dix jours, il était nécessaire d'accorder cette faculté aux agens locaux, en dérogeant à l'art. 17 du titre IX de la loi du 29 septembre 1791.

Ils peuvent également se pourvoir au nom de l'administration contre les arrêts qui leur paraîtraient contraires à la loi; mais l'instance en cassation sera suivie par l'administration.

Art. 20, titre IX de la loi du 29 septembre 1791.

51. Les dispositions du code d'instruction criminelle sur les délais fixés et les formes établies pour la procédure en matière de police correctionnelle, seront suivies et exécutées dans la poursuite des délits forestiers, sauf les dérogations et modifications qui y ont été faites par la présente loi.

52. Les agens forestiers ne peuvent en aucun cas requérir, ni les juges prononcer de moindres peines que celles qui sont prescrites par la loi, pour les délits et contraventions en matière de forêts, chasse et pêche, à peine d'en demeurer personnellement responsables.

Art. 14 du tit. XXXII de l'ordonnance de 1669.

53. Les amendes et confiscations prononcées pour délits forestiers et délits de pêche et de chasse, appartiennent au trésor public, et les restitutions et dommages-intérêts aux propriétaires.

54. Il n'y a lieu aux restitutions et dommages-intérêts que dans le cas où la loi les a prononcés.

55. Les jugemens sont exécutés à la diligence du procureur du roi; le recouvrement des amendes, restitutions et confiscations prononcées au profit de

L'expérience de cinq années a prouvé que la collecte du montant des condamnations confiée aux gardes généraux, était peu compatible avec leurs fonctions essentielles, qui sont une continuelle surveil-

l'Etat, est fait par les receveurs du domaine et de l'enregistrement.

36. La recette des restitutions et dommages-intérêts prononcés au profit des communes, pourra également être confiée aux mêmes receveurs ; elle sera faite, dans ce cas, de la même manière que les recouvremens exécutés au profit du trésor.

37. Les jugemens seront signifiés aux condamnés par simple extrait, à la diligence de l'agent forestier, avec commandement d'y satisfaire dans les vingt-quatre heures.

38. Les condamnés en retard de se libérer, y seront contraints par voie d'emprisonnement, en vertu d'un mandat du procureur du roi, délivré sur la réquisition du directeur des domaines, ou de l'agent forestier, ou sur le vu du certificat constatant l'insolvabilité du condamné.

Ces certificats seront délivrés par les maires des communes, et visés par l'agent forestier chargé de la poursuite des délits.

39. Les significations seront faites aux condamnés par les gardes forestiers auxquels il sera alloué 40 cent. par chacune. Les prises de corps seront exécutées par eux ou par des gendarmes, et il leur sera alloué 5 francs par chaque individu qu'ils auront arrêté.

40. Les condamnés subiront autant de mois de prison qu'il y aura contr'eux de jugemens auxquels ils n'auront pas satis-

lance sur les gardes, et de fréquentes tournées dans leurs triages.

fait. Si le montant total des condamnations excède 500 francs, le temps de la détention sera doublé.

41. Ils seront libérés par la détention des amendes et restitutions dues au Trésor, mais non des indemnités et dépens adjugés à des tiers.

Toutefois, les condamnés seront exempts de la prison, au moyen du paiement de l'amende et d'une caution bonne et suffisante pour le surplus.

42. Le gouvernement pourra, après avoir pris l'avis de l'administration, arrêter ou suspendre toutes poursuites contre les prévenus de délits.

Il aura également la faculté, après le jugement rendu, de réduire les condamnations à une juste indemnité.

43 Cette disposition s'applique aux restitutions et dommages-intérêts prononcés au profit des communes, comme aux condamnations qui intéressent le Trésor.

Disposition nouvelle.

Le gouvernement fait quelquefois usage de cette faculté, mais il nous a paru nécessaire qu'elle lui fut confirmée par une disposition formelle de la loi

Les tribunaux des maîtrises n'imprimaient pas à leurs jugemens le même caractère de gravité que la police correctionnelle.

Le gouvernement, en connaissance de cause, doit donc avoir la faculté de faire des exceptions à la sévérité de la loi, dans tous les cas où l'intérêt public et celui des convenances l'exigent.

Ne répugne-t-il pas, par exemple, de voir un adjudicataire accrédité, estimé et même irréprochable, jugé et condamné correctionnellement pour un baliveau qui manquera dans sa vente? Cette sorte d'humiliation doit écarter des enchères des hommes qu'il serait d'un grand intérêt pour le Trésor d'y voir concourir.

TITRE XVIII.

Des peines extraordinaires.

Art. 1.er Tout individu qui sera condamné pour la troisième fois dans l'année, pour délits de bois coupé ou de pâturage, extraction et enlèvement de plant, de semences ou de terre, pour avoir usurpé le sol forestier, déplacé des bornes ou comblé des fossés de clôture, ou pour avoir porté ou allumé du feu dans les bois, sera déclaré par le même jugement, *délinquant d'habitude.*

2. Il y a lieu à appliquer la disposition de l'article précédent, quand même les délits commis en récidive seraient de différente nature, pourvu qu'ils soient un de ceux qui sont classés dans cet article.

3. Les adjudicataires des coupes de bois ne peuvent être déclarés *délinquans d'habitude*, qu'à raison des délits qu'ils auraient commis personnellement.

4. Tout individu déclaré *délinquant d'habitude* qui aura commis un nouveau délit dans les six mois qui suivront, sera traduit à la cour d'assises, et condamné pour un tems, qui ne pourra être moindre de trois mois ni excéder un an, aux travaux ordonnés pour le repeuplement des forêts, sous la surveillance et la direction des gardes terrassiers, sans préjudice aux amendes et restitutions prononcées par la loi.

Nous n'ajoutons à cette peine ni la marque ni l'exposition, mais la forme de la procédure et de la publication du jugement y attachera avec le temps une sorte de flétrissure.

5. Tout condamné aux travaux dans les forêts, qui se sera évadé, sera arrêté et emprisonné pour un temps double de celui qui avait été fixé par l'arrêt de sa condamnation.

Cet arrêt sera affiché dans le lieu où il

aura été rendu, et dans celui du domicile du condamné, et envoyé à l'administration des forêts.

6. En attendant l'organisation des travaux dans les forêts, les individus qui y auront été condamnés seront détenus dans une maison de correction.

FIN.

SUPPLÉMENT à l'article 6 du titre III.

Si l'étendue du terrain parcouru par les voitures n'est pas non plus constatée, l'amende sera payée en raison du nombre des bêtes de trait attelées, conformément à l'article 1er. du présent titre.

ERRATUM.

Page 3, à la note correspondante à l'article 5, troisième ligne, *au lieu de* 30 ans, *lisez* 20 ans.

www.ingramcontent.com/pod-product-compliance
Ingram Content Group UK Ltd.
Pitfield, Milton Keynes, MK11 3LW, UK
UKHW021821190726
13853UKWH00003B/1107

9 782329 560083